ヨーロッパ中世をめぐる問い

過去を理解するとは何か

佐藤彰一
Satō Shōichi

山川出版社

はじめに

本書はおりにふれて依頼を受けておこなった講演と、学会や研究会での報告の一部を一著にまとめたものである。学術論文は私自身が専門領域と考えている西洋中世初期史を主題にしているが、依頼講演はテーマがあらかじめ要請されている場合も多く、そのために扱う主題は私自身が専門にしている分野を大きく越える場合も少なくない。

ここには新聞に寄稿した、「コラム」として括られている一篇の短文が収録されているが、このほかに十三篇の講演草稿を収載している。各講演は章として構成しており、講演に特有の導入的な前置きは省略してある。

最初の二章は古代末期から中世初期にかけての歴史学上のトピックを論じている。続いて第三章から「コラム」を挟んで第六章までの四篇が、メロヴィング国家の構造的特質の考察と、王権維持の戦略としての血統管理政策、および国家統治機構の作動についての個別の分析を主題としている。

第七章は研究報告の色合いが濃厚であるが、民族移動期から中世初期にかけてのイベリア半島だけに見られる、スレート文書と呼ばれる独特の文書形態についての、いわば史料論的考察である。これに続く第八章は、西洋中世における封建制をめぐる議論の整理を試みたものである。西洋中世社会は、しばしば封建制社会と同一視されるが、スーザン・レイノルズがこうした通念を打破すべく、大胆かつ緻密に批判した著書は国際的な反響を呼んだ。この講演はそうした新たな動向の学問的射程を論じた内容である。

第九章は、中世スコラ学の知的骨格をなすアリストテレスの思想が、ヨーロッパ思想界に伝播する契機をめぐる議論に関わっている。二〇〇八年にフランスで出版された一冊の著作は、大きな社会的反響を巻き起こしたが、それは中世を通じて等閑に付されてきたアリストテレスの著作は、スペインのトレドに設けられた翻訳センターでアラビア語テクストからラテン語に翻訳されたことにより、西欧世界に知られるようになったとするアメリカ合衆国の歴史家チャールズ・ホーマー・ハスキンズの所説が、長く中世史学のドグマとして君臨してきたが、これを否定し中世ラテン世界においてすでにアリストテレスの著作の意義が知られ、翻訳もおこなわれていたとする主張を内実とする書物であった。イスラーム文明のヨーロッパ文化形成への知的寄与を全面的に否定する内容のこの著作をめぐる論争は、いっとき学問的対立にとどまらないイデオロギー的・政治的紛争の性格を帯び、一部学生の著者の授業ボイコットや、大学当局による「授業停止」というあたかも中世教会政治を彷彿とさせる事態を引き起こすまでに紛糾した。この講演は、問題となった著作の内容を解説しながら、この論争の意義について論じている。

第十章から最終章までの四篇は学問的な営みと社会との接点について思いをめぐらした内容である。最後の二章のうち一篇は明治期以後の日本における西洋中世史研究の足跡をたどった断想であり、最後の章はもともとフランス語で書かれたものを、今回日本語に自身で翻訳して収録したものである。

各講演がおこなわれた日時と場所、ならびに主催者(機関)は以下の通りである。

1　日本学士院論文報告　二〇一一年二月十四日

2　名古屋大学最終講義　二〇〇九年二月四日
3　第五八回日本西洋史学会基調講演　二〇〇八年五月十日
4　第五三回日本西洋史学会大会報告　二〇〇三年五月十一日
5　第一〇四回史学会大会報告　二〇〇六年十一月十九日
6　グローバルＣＯＥ第六回国際研究集会「歴史テクストの解釈学」　二〇〇九年三月七日
7　21世紀ＣＯＥ「統合テクスト科学の構築」定例研究会　二〇〇三年四月七日
8　第六〇回日本法制史学会　二〇〇八年四月二十日
9　西洋中世学会準備委員会・日本中世英語英文学会共催　二〇〇八年十月二十五日
10　日本学術会議中部部会招待講演　二〇〇九年十二月四日
11　新潟大学十九世紀研究所主催　鈴木佳秀先生退職記念講演会　二〇〇九年一月十二日
12　委託研究「教養教育の再構築プロジェクト」　二〇〇五年二月二十一日
13　社会科学高等研究院（ＥＨＥＳＳ）　パリ、二〇〇一年四月二十七日（原文フランス語）

本書に「過去を理解するとは何か」という副題を付したが、それは単に遠近はあるもののすでに過ぎ去った時代を扱っているというだけの理由ではない。過去に生起した事柄、あるいは出来事は、文字による記録であろうと口頭による伝承であろうと、さらにモノを通じての伝達であろうと、その「痕跡」からしか把握しえない。その痕跡は多様であり、その多様性はそれぞれに固有な解釈学的フィルターを要請するものであり、そのようにして観察された事象の独自性は、別のフィルターを要請する他の窓からの景観とは異なる、交換不能な固有性、すなわち意味論的価値——名辞化された価値、例えば「フランス革命」「十字軍運動」など——を帯びるのである。それぞれの講演は、対象とする主題は異なるものの、事象に内在する固有な痕跡の探究を通して、過去とは何かを問う認識論的な試みと理解していただければ幸いである。

目次

ヨーロッパ中世をめぐる問い

過去を理解するとは何か

第一章　五～七世紀のシリア人商人問題

ポスト・ローマ期にあたる五世紀から七世紀のガリアで海外商業の担い手として活躍したシリア人商人が、七世紀を最後に一斉に姿を消した事実は、古代終焉《しゅうえん》期論争との関係で多くの議論を呼びましたが、それはシリア経済の好況と農業の拡大がもたらした現象でした。

中世への転換時期とシリア人商人

海外のシリア人の問題が歴史学の問題としてとくにクローズアップされたのは、ベルギーの偉大な中世史家アンリ・ピレンヌがその晩年に提示した「ムハンマド・シャルルマーニュ」問題が契機でした。この問題はヨーロッパの古代の終焉、言い換えると古代から中世への転換がいつ起こったかを論ずる時代区分の問題でもありました。それまでの定説的な考えは、西暦四七六年秋に、西ローマ皇帝ロムルス・アウグストゥルスが、傭兵隊長であったオドアケルのクーデタにより廃位され、事件の首謀者であったオドアケル自身がローマ元老院の承認が得られないことを懸念して、自らが皇帝の位に即くのを断念した結果、西ローマ帝国に皇帝が不在となった政治的事件の歴史的重要性を捉えて、西欧古代の終期とみなしたというものです。ピレンヌはこうした見方に対して次のように主張します。西欧古代の歴史は、古代ギリシア以来地中海をその展開の舞台としてきた。古代人が「われらの海 mare nostrum」と呼んだこの空間の一体性が、古代西欧世界を支えていた。四七六年の事件は、その一体性になんらの影響ももたらさなかった。こうした歴史的基盤を破壊したのは、七世紀後半に始まるアラブ・イスラームの征服と支配であり、シリアのダマスカスに拠点を置いたウマイヤ朝の地中海への覇権伸張であった。地中海はビザンティン海軍が制

図1　5世紀の地中海を中心とした地域およびヨーロッパ

したエーゲ海域やアドリア海域と、イスラーム海軍が制した西地中海のティレニア海域やレヴァント沖、北アフリカ海域に二分され、もはや古代を特徴づけた地中海世界の一体性が失われてしまった。西欧世界の軸は、アルプス山脈の向こう側のフランク帝国に移った。これを歴史的に体現する人物が、八世紀後半から九世紀に活躍したカロリング王朝のシャルルマーニュである。古代は五世紀後半に終わりを告げたのではなく、それより二世紀後の七世紀後半に終わったのであり、ムハンマドなくしては、歴史的存在としてのシャルルマーニュもなかった、というのです。

スケールの大きなこの魅力的な主張はピレンヌ・テーゼとして反響を呼び、この説をめぐり賛否を含めて、その後一〇年もの間に数百の研究が論文や著書の形で公刊されました。現在でもまだこのテーゼをめぐる研究はあとを絶ちません。

ところで、ピレンヌが六世紀以後の地中海を舞台とする商業活動衰退のメルクマールとして注目したのが、シリア人商人の盛衰の動向でした。東地中海に面したシリア人が、西地中海沿岸地域に主に商人として大量に進出し始めるのは四世紀です。その契機となった要素が何かについては、三世紀に西ローマ帝国全体を覆った深刻な動乱と社会的混乱が在地の大商人層の没落を誘発し、その空隙を埋める形で進出したという仮説を含めて、いくつか出されていますが、史料の少なさもあってすべての歴史家を納得させるものではありません。とくに四世紀以降進出したシリア人が資本をもった大商人というよりも、小売り商人的な零細な人々であったことをうかがわせる記述が多いところから、先の仮説との齟齬《そご》は見過ごせません。

四世紀にヒスパニアやガリア南部の港湾都市に成立したシリア人居留区は、やがてオルレアンやパリなどの内陸都市でも確認されるようになります。しかし六世紀から居留区の衰退も顕著になり、シリア人についての記述も稀になってきます。そして六一〇年の『聖コルンバヌス伝』という聖人伝での記述を最後に、ガリアからシリア人に関する言及は完全に姿を消すのです。ピレンヌはこれを、地中海の海上交易の停滞と結びつけて考えました。しかし厳密に年代的与件を捉えるならば、シリア人の西方世界からの撤退は、イスラームの地中海進出より先に顕著になっているのです。この枢要な点を含め、ピレンヌ・テーゼの個々の事実についてさまざまな異論や、修正を提起する研究が公刊されていますが、それらの現時点での総括は、ベルギーの中世史家ジャン＝ピエール・ドヴロワによってなされています。

かりにここでシリア人の行動を「移民」として捉えておきますと、シリア人が四世紀になぜ西方に大量進出し、六世紀に顕著な退潮をみせたのでしょうか。ピレンヌが商業圏としての地中海の一体性の破綻というやや漠然とした形で与えた回答に対して、フランスの初期イスラーム史の専門家であったモリス・ロンバールは、端的に貿易決済手段であった金準備が西欧では枯渇してしまい、有力な輸出品も、金鉱山ももたない西欧は金による支払が不能となり、遠距離海上交易がもたらす富に依存していたシリア移民は、より大きな富を生み出していた、ビザンティン・サーサーン朝ペルシア圏の交易に吸引されていったと考えました。

サーサーン朝ペルシア帝国は灌漑農業が大きく進展し、椰子その他の果実生産、サトウキビ、米や綿花栽培で経済的な発展をみていました。ゾロアスター教の教典『アヴェスタ』に現れる伝統的な三身分、すなわち神官、戦士、農民に加えて第四の身分である「フトゥクシュ Hūtukhsh」が出現する趨勢《すうせい》であったのです。フトゥクシュとは手工業者と商人を含んだ呼称であり、都市社会に特徴的な身分階層です。とくにホスロー一世(在位五三一〜五七九)とホスロー二世(在位五九一〜六二八)の時代はその黄金期でもあり、ビザンティン帝国はペルシアとの和平を維持するために、ホスロー一世の治世から恒常的に莫大な金の支払を余儀なくされました。五三三年頃に、ビザンティン側はホスロー一世に金一万一〇〇〇重量ポンドを支払っています。ローマ時代の一ポンドは三七三グラムですから、メートル法に換算すると約四トンという重さになります。五四五年には向こう五年間の和平のために金二〇〇〇ポンド、五五一年に更新された五年の和平契約は二六〇〇ポンドの支払が求められたのです。五六一年の和平条件は毎年金貨三万枚を五〇年にわたって支払うというものでした。この時期ビザンティン帝国は兵士に食糧の現物給付に代えて給金を支払っていたのですが、それは年額五ソリドゥスです(一ソリドゥスは四・五グラム)。かりに六ソリドゥスとすると、半ソリドゥスが一カ月の食費です。金二・二五グラムがこれに相応します。現在(二〇一一年)の一カ月平均の食費を一兵士世帯六万円としますと、購買力として五〜一〇倍ほどの力があったとみられます。金四トンはその購買力を加味するならば、一〇〇〇億から一五〇〇億円という莫大な額であったということになるのです。サーサーン朝ペルシア帝国は情け容赦なくビザンティン帝国の膏血を絞り取ったのです。ペルシアは銀を基軸通貨にしていましたから、金はすべて工芸品や装飾品に加工されるか、退蔵されるかしました。またアラビア半島中央部や南アラビアのヤママでは、ゾロアスター教徒のペルシア人が金鉱山の開発をおこなって、サーサーン朝の金準備を豊かにしていました。

富の蓄積とマルサス的危機

ここで話を再びシリア人に戻しましょう。七世紀にはシリア人が西欧世界からほぼ姿を消してしまう理由として、西欧の経済的衰退、具体的には金準備の枯渇を指摘しました。それではそもそも、西欧が四世紀を頂点としてシリア人を引きつけた要因は何だったのでしょうか。われわれが今日手にしうるもっとも包括的な、かつシリア人問題に関わる最新のモノグラフィーを著したフィンランド人古代史家ヘイッキ・ゾーリンの「西ローマ帝国西部のシリア人とユダヤ人」は、紀元前からの関連資料の悉皆《しっかい》調査という趣が強く、われわれの問いには答えてくれません。しかし、視点を移民を送り出したシリア地方においてみるならば、そこでは興味深い研究成果が出されています。それは一九九二年に出版されたフランスのビザンティン史家ジョルジュ・タトの研究です。

『二世紀から七世紀のシリア北部の農村』と題されたこの学位論文は、シリア北部、アンティオキアの背後、オロンテス川の東に展開する石灰岩台地に点在する五〇〇〇に及ぶ住居遺構を体系的に悉皆調査し、加えて考古学による分析の成果を組み合わせて、この地域の二世紀から六〇〇年間の農業条件と経済的律動を再構成しようとした研究です。すでにこの台地はポーランド系フランス人のジョルジュ・チャレンコが、今は荒蕪地《こうぶち》と化した台地に、異様に豪華な石造の住居址が大量に点在する珍しい光景に惹かれて研究に手を染め、一九五三年から五八年に三巻からなる『シリア北部の古代村落』と題して刊行した研究がありま す。チャレンコの仕事は渡辺金一著『中世ローマ帝国——世界史を見直す』(岩波新書)のなかで、詳しく取り上げていたのが想起されます。この渡辺教授の著書でも強調されていたことですが、チャレンコはこの

図２　忘れられた街と呼ばれる世界遺産「シリア北部の古代村落群」全体（上）と部分（下）

出典：Georges Tate, *Les campagnes de la Syrie du Nord, du II*^{e} *au VII*^{e} *siècle, t. I*, Paul Geuthner, Paris, 1922. P.4とP.6

村落地帯の農業はオリーヴのモノカルチャーに特化し、ローマ帝国全域や近東への販路拡大によって大きな経済成長を遂げたと論じています。オリーヴ油は食用や美容ばかりでなく、薬としても盛んに用いられ、極めて需要の高い産品であったことは確かです。

ジョルジュ・タトの一層徹底した研究は、チャレンコが提示し、定説として確立した説に対して根本的な批判を加えているのです。すなわちオリーヴ油生産はたしかに重要であったが、決してモノカルチャーと呼べる排他性をもたなかったのです。現代の荒れ果てた景観にもかかわらず、実際には耕地は十分な水分を含んでいて、灌漑をしなくとも穀物や野菜の栽培はできました。近隣の繁栄し人口が増加していた都市への農産物販売は、多くの現金収入をもたらし、牛や羊の牧畜も合わせておこなわれました。石灰岩台地の景観で目を引くのは、貴族の邸宅と見紛う住居です。外壁に入念な浅浮彫りが施された二階建ての石造りの家屋の遺構は、到底農民家屋とは思えない壮麗さを示していますが、実際には自営の農民の住居なのです。一階部分は家畜の収納とオリーヴ油精製の場所であり、二階部分が家族の生活空間でした。

こうした農民家族の住居のクロノロジカルな分析は、時代ごとの相対的な人口の変動を推計することを許しています。タトの分析によれば、四世紀初頭から六世紀中頃の間に、北シリアの石灰岩台地で単婚家族の数は四・五倍に増加したのです。もともとオリーヴ油精製は多くの労働力を必要としたので、その販路が広がる間は、人口の増加のインセンティヴは高くなります。こうしてみると四世紀に顕著になってくる西地中海地域へのシリア人の大量進出は、シリア内部の要因、つまり人口成長が移民のプッシュ要因として働いた可能性を考慮してもよいのではないかと思えてきます。

この時期のパレスティナに関するクロディーヌ・ドファンの『ビザンティン期のパレスティナ——定住と人口』から得られた所見を加えますと、地中海東海岸の人口の伸びは、二〜三倍と推測しても大きく外れることはないであろうというのがタトの結論です。そうした人口の拡大は当然のことながら、耕作地の拡大をもたらしました。荒蕪地から丹念に石礫を除去し、地下水が低く、人工灌漑なしには耕作が困難な場所には水路を引くなどして、可耕地を内陸の地域に広げていきました。その結果北シリアでは海岸線からステップ地帯までの距離がローマ時代には八〇キロであったのが、六世紀には一五〇キロに拡大したのです。幅七〇キロに及ぶ耕作地の帯が、新たに広がったのです。

人口増加による海外への移民の展開と耕作地の拡大は、現実にはなんら矛盾する事態ではなく、実際には二つの局面で解決の努力がおこなわれたということです。この時期バルカン半島に定着した小アジア出身者とシリア出身者に関して碑文史料を用いたヴェリザール・ヴェルコフの研究は、農民として定着したシリア人の存在を指摘しています。これは常識的に考えるならば、シリア農村における人口増加説に有利な事実といえるでしょう。

六世紀に入るとこうした好況が陰りを見せ始めます。一つは五二〇年代の終わりから始まった、ビザンティン帝国とサーサーン朝ペルシアの四度にわたる戦争であり、その結果すでに指摘したように莫大な財貨が賠償金や和平金としてペルシアに流出することになり、これはビザンティン領に属したシリア経済にとってもマイナスに働きました。また五二〇年代にシリアを襲った大地震が大きな打撃を与えました。震度はマグニチュードで九クラスとされています。これは地球上で起こりうる最大級の超大地震といえます。

同時代の歴史家プロコピオスによれば、アンティオキアでは三〇万人の死者が出たとされますが、当時の人口からしてやや過大な数字と思われます。壊滅したアンティオキアの都市はその後再建されましたが、今日の都市は、残骸が高さ一メートルに積み上げられその上に建設されたことが考古学的発掘調査から明らかにされています。さらに腺ペストの流行が打撃を与えました。十四世紀にヨーロッパを襲った黒死病は有名ですが、六世紀のビザンティン世界のペスト禍もまた深刻でした。それは一過性ではなく、間歇的に起こって人口の回復を妨げました。

もう一つの要因は構造的かつ複合的です。タトやクライブ・フォッスは「マルサス」的危機を想定しているのです。六世紀の中頃に今あげたような諸原因により、販路の減少、市場の縮小が生じました。そしてそれは全般的な窮乏化となって表れたのです。人口の急激な減少は期待すべくもありません。農民は持続する人口の増加に対応するための収入の拡大と、耕地を広げ、収益性を高めるための技術的・物的手段の不足という二つの否定的条件に挟まれ、身動きのできない状態に陥ったのです。腺ペストの流行という事態はまた、農民の間に窮乏化によって広まった栄養不良という身体的要因が重なって、さらに悪化しました。こうした人口減少によって、いっとき均衡状態が生まれますが、人口が回復するとともに、経済は活力を取り戻すものの、収益は持続的に低下し、再び危機のサイクルに入ります。シリアではこうした停滞サイクルの波動が、七世紀から八世紀初頭まで持続したというのが、タトらの主張です。

北部シリアのジェベル・イル・アラーの石造建築の年代分布は、そのことをよく物語っています。すなわち西暦三〇〇年以前はその数が八軒、四世紀に一三軒、五世紀に四一軒、六世紀に八八軒、西暦六〇〇年以後はわずか二軒です。

こうした石造家屋を建設する専門の遍歴する石工(テクニテース)が存在しました。具体的に確認できるのはコスマスという名前の石工であり、この人物は四八九年から五〇五年にかけて、五軒の家屋を建設しています。

タトは、これを人口成長と生産力の不均衡がつくりだすマルサス的危機と捉えたのです。危機の隘路を脱出する手段は、技術革新による生産性の飛躍的向上です。しかし、七世紀という時代状況においては、それは望むべくもない事態でした。農民は科学と技術の水準において、いわば袋小路状況にあったなかで、好況期に蓄積した富を投下したのが、技術開発投資ならぬ家屋建築であったのです。一介の自営農民の家屋には似つかわしくない豪華な石造の農民家屋は、自分の財産への過剰投資であり、経済成長の袋小路にあった社会、技術的つまり経済的なブレイク・スルーを知らなかった社会の視覚的表象であったというのがタトの結論です。

六世紀後半からのペルシアの支配、そして六三六年のイスラームの征服と支配は、北部シリアの農村経済に深刻な影響をもたらしませんでした。その趨勢に本質的な律動を与えたのは、今述べたマルサス的危機の循環だったのです。

サーサーン朝ペルシアは六世紀の四〇年代以後、ホスロー一世の統治とともに、ペルシア人としてのエトノス意識を先鋭化し、ビザンティン帝国に対してより略奪的な性格を強めていきました。サーサーンの諸都市やとくにシリアで繁栄していたアンティオキア、スーラ、アレッポなどの都市や周辺農村地方から多くの農民や職人をペルシアに強制移住させ、先進的な絹織物生産の技術や灌漑をはじめとする農業の仕組を移転しようとしました。これはいうまでもなくアナトリア(トルコ)・シリアの経済基盤を掘り崩すことになりました。その後おこなわれたホスロー二世の遠征と、イスラームの征服が、当時の経済先進地域であったシリア、パレスティナ、エジプトおよび北アフリカを呑み込んだのは、南西アジアの政治的・軍事的拡大であったのです。

第二章　西洋中世史の解決すべきいくつかの大きな問題

かつて大数学者ヒルベルトは十九世紀から二十世紀の転換期に数学の未解決の問題として二十三の問題をあげましたが、その顰みに倣って、西洋中世史において解決すべき問題として、⑴ヨーロッパ草原地帯の定住と国家形成、⑵バルカン半島の歴史的境位、⑶ローマ帝国からポスト・ローマ期、初期中世への移行問題、⑷中世における古代ギリシア思想の伝播問題を取り上げます。

有史以前からの東西回路

最初に取り上げるのは、ヨーロッパ草原地帯の定住と国家形成の問題です。ここで私がヨーロッパ草原地帯と称している空間は、現在の東ヨーロッパからヴォルガ下流域、カザフスタンにかけての広大な領域です。なぜこの問題がヨーロッパ中世史の重要問題の一つなのか、不審に思われるかもしれません。先頃、私は『中世世界とは何か』という題目で一冊の書き下ろしの本を出版しました(岩波書店、二〇〇八年)。その序論「「中世」を切り出す」において、ヨーロッパ史全体についての旧来のパースペクティヴを俎上に載せて、先史時代を含めての新しい歴史的展望を提示しました。そこで論じた内容をかいつまんで申せば以下のようなことです。

　歴史時代が開始するはるか以前から、ヨーロッパとアジアはユーラシア草原地帯を通路として幾多の民族（その多くは遊牧民でした）が、往来するハイウェイでありました。主要な流れは東に発し、遊牧の民は家畜を追いながら、コーカサス（カフカース）山脈を越えて、ヨーロッパ半島に入り、そしてひとしきり放牧と略奪戦争を終えるとアジアの草原地帯に帰っていったのです。こうした還流的民族移動は、長いタイムスパンをとってみれば、内陸アジアとヨーロッパの関係の常態と形容してもあながち誇張とはいえない基本的なあり方でした。この時代にヨーロッパにはすでに青銅器時代の経済組織が成立し、中心‐周縁関係を基調とする初期的な生産と交易の先史世界システムが機能していたと、多くの先史学者が考えています。間歇的ではありながら、恒常的な様相を呈した青銅器時代ヨーロッパへの遊牧民族の侵略は、ヨーロッパ・システムにそのつど大なり小なり打撃を与えるか、システムを再生不能な状態にまで破壊しました。システムがブレイク・ダウンの状態まで破壊しつくされたときは、もはや世界システムの基本構成である遠隔地間の交易を基礎にする中心‐周縁関係は維持しえず、限られた地域内部での、中心を欠いた周縁間の威信財交易のシステムに縮小してしまったのです。

還流的民族移動の持続

　これが青銅器時代ヨーロッパを特徴づける基本的パターンでした。やがて東地中海にギリシアを新たな中心とするシステムが構築され、ついでその重心がローマに移動するという変化をともないながら、ヨーロッパの歴史は鉄器時代、歴史時代に入っていくのですが、これら地中海を拠点とする文明圏の背後にあるユーラシア回廊地帯には、何の変化もなく、依然として太古以来の還流的民族移動はその姿を変えていないのです。前一千年からキンメリア人、スキタイ人、サルマタイ人、フン人、アラン人、アヴァール人、スラヴ人、ブルガール人、マジャール人、トルコ人、モンゴル人などが、ほとんど途切れることなく、ヨーロッパ半島を侵略し、その多くがまた東に去っていきました。ヨーロッパに残留したなかでもっとも強大な勢力はオスマン・トルコ人たちでした。トルコ人による侵略のクライマックスが、一四五三年に彼らの包囲によってビザンティン帝国の首都である千年の都コンスタンティノープルが陥落したことでした。オスマン・トルコはビザンティン帝国の首都をイスタンブルと改名し、自らの首都としてヨーロッパの東端に君臨することになるのです。

強大なイスラーム帝国が、ヨーロッパからアジアへ通じる経路の入口に出現したことの歴史的インパクトは計り知れない意味をもちました。それは何よりもこの強力な異教徒の国家に対して、東ヨーロッパのキリスト教徒が感じた脅威の所産として、この地域を生活圏としていた半遊牧的なスラヴ諸民族や、マジャール人たちが、一斉に国家建設に向かって歴史の歩を進めたという事実があるからです。その結果何が起こったか。有史以来初のことですが、ユーラシア街道が往来ままならない袋小路となったことです。この通路には栓がされてしまいました。これからのち、ヨーロッパ半島は明瞭な輪郭をもった一つの空間世界を構成し、内的な成熟を遂げ近代的発展の道筋をたどることになります。これは内陸ユーラシアにつねに開かれていた空間ではなしえなかった展開です。

ユーラシア回路の閉鎖と中世の終焉

このような見方が成り立つとすれば、「中世」という時代はヨーロッパにとって、ユーラシア世界に開かれていた古いヨーロッパ空間のありようを示す最後の段階とみることができるのではないでしょうか。

この点で重要なのはスラヴ人のバルカン半島から東ヨーロッパへの拡散の時代である七世紀から、コンスタンティノープルの陥落までのグルジアやウクライナから、ポーランド平原にいたる広大な平原地帯の歴史を明らかにすることです。この分野にはこれまで十分に解明の鍬が入れられていませんでした。しかし近年になってアメリカ合衆国の中世史家フローリン・クルタや、ドイツの考古学者ヨアヒム・ヘニングらのイニシアティヴで、ロシアや東ヨーロッパの研究者を糾合しての取組によって、これまで知られていないコンスタンティノープルに匹敵する巨大な都市遺跡プリスカがブルガリアで発見されるなど、この地域の初期史解明に大きな進展がみられています。おそらく研究はかなりのスピードで加速されると予想されます。これによって、ユーラシア交易システムの具体的な姿も含めて、この地域へのキリスト教国家の成立とヨーロッパ世界の内的発展の関係が、新たな歴史像の構築として収斂していくに違いありません。

スラヴ民族の出現

次に取り上げるのは、近代以前のヨーロッパにおけるバルカン半島の歴史的意義の問題です。バルカン半島は、現在の国名でいえばトルコのヨーロッパ部分、ギリシア、アルバニア、ブルガリア、旧ユーゴスラヴィア（マケドニア共和国、セルビア、モンテネグロ、クロアチア、ボスニア・ヘルツェゴヴィナ）などによって占められる地域であり、東南ヨーロッパとも称されている空間です。ローマ帝国の属州名でいえば、マケドニア、トラキア、モエシア、ダキア、ダルマティアを合わせた領域です。

さてローマ帝国がその広大な支配領域のゆえに、必然的に多民族国家たらざるをえなかったように、その東半分の支配を継承した東ローマ帝国、これを引き継いだ中世ビザンティン帝国もまたその民族構成の多様性をまぬがれませんでした。バルカン半島はわけても、その特徴が際立っています。この世界を考えるとき最大の問題となるのは、スラヴ民族をめぐる問題であろうと思います。それというのも、この民族の出現は多くの謎に包まれており、なぜあれほど短期間のうちに北はエルベ川、バルト海、南はアドリア海まで、中央ヨーロッパと東ヨーロッパのほぼ全域、つまり広大な無住空間を含めて実にヨーロッパ空間の半分までをその勢力圏に収めることができたのか。これは歴史学がまだ解明できていない謎の一つです。まさしくスラヴ人の急激な民族的膨張は、ヨーロッパ空間における諸民族の生成のメカニズムを解き明かすための恰好の素材となりうるのです。そしてバルカン半島はスラヴ人問題を考察するための最適の舞台を提供してくれます。

六世紀半ばの東ローマ帝国の歴史記述者プロコピオスは、その著作のなかでスラヴ人にふれ、彼らは背丈が高く、強健な身体をもち、肌は浅黒く、髪の毛は紅毛、その生活は粗末で原始的であると述べています。いつも垢まみれで、みすぼらしい小屋に住むが、その住居は頻繁に移動したとされます。

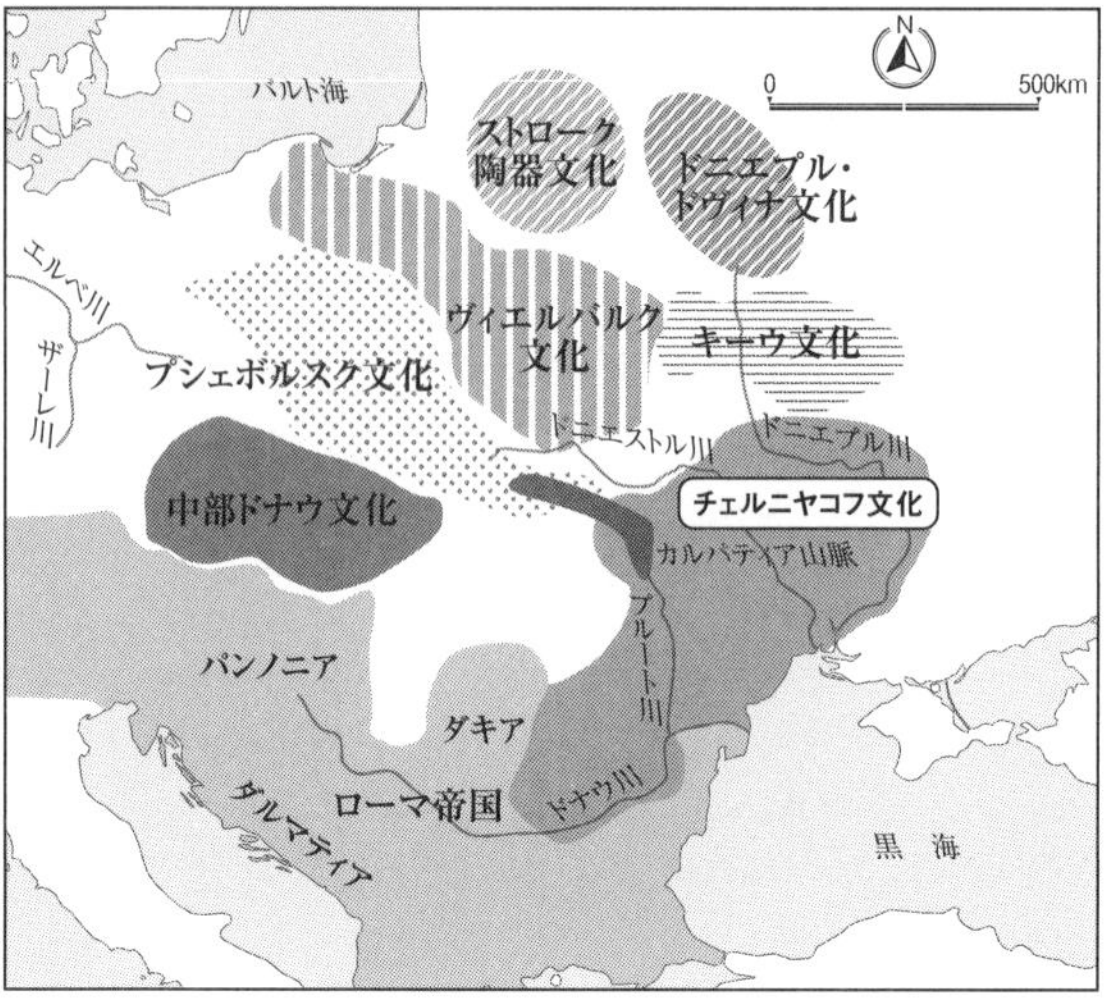

図3　4世紀後半の東ヨーロッパの文化圏

スラヴ人とチェルニヤコフ文化

さてそのスラヴ人の起源についてですが、彼らの元々の故郷、すなわち原郷(Urheimat)がどこかに関しては、かつて激しい議論が戦わされました。しかし、現在では多くの専門家がウクライナ地方の西部と想定しています。考古学の見地からすると、彼らの家屋は掘り込み式の床と、その一隅に竈《かまど》をしつらえた特徴的な様式をもっていて、これに陶器や装身具その他の遺物を組み合わせてこの民族の痕跡を同定するのはさほど困難ではありません。

多くの研究者は彼らの物質文化の特徴が、チェルニヤコフ文化との関わりを示していることを指摘しています。チェルニヤコフ文化とは、西のバルト海から東の黒海にかけて帯状に展開した文化圏です。これはもともとスカンディナヴィアに発したゴート人が東に移動する過程で形成した文化圏と考えられていますが、どうやらゴート人は西ウクライナ地方も通過したらしく、一時期スラヴ人と共生する状態が続いたようなのです。このような状況つまりスラヴ人はゴート人との接触のなかで、自らのアイデンティティを確立し、移動の契機を得たとされるのです。

文献と考古学的発掘から、スラヴ人の急激な膨張について明らかになっていることを、簡単にまとめることにします。スラヴ人の西ウクライナからの膨張経路は、大きく二つに分かれます。

スラヴ人の膨張

一つは西に向かう流れです。この動きは西暦三〇〇年代末に起こり、四〇〇年代末から五〇〇年代の初めにポメラニアに、五〇〇年代末にはエルベ川とザーレ川地方にまで進出しました。このような西方への急速な進出はなぜできたのでしょうか。これらの地方には多くのゲルマン系部族が定住したはずです。結論から申しますと、このゲルマン人たちが、西ローマ帝国の崩壊によって徐々にかつての帝国領土であった地域に移動したために、エルベ川、ザーレ川流域に広大な空白部が生じたからなのです。無人化は一気に生まれたわけではなく、例えば五三一年のテューリンゲン王国のフランク人による征服と併合などは、明らかにテューリンゲン人のフランク王国内への移動を誘発し、彼らの定住地であったエルベ流域は無人の地に化すことになりました。こうした事態は五〇〇年代を通して漸次進行したと思われるのです。この点はあとでふれることになりますが、ポスト・ローマ時代の文化的推移を考えるうえで非常に重要なポイントになります。

さて、スラヴ人の膨張のもう一つの方向は、弓なりに連なるカルパティア山脈の東の方向、すなわちモルダヴィア、ワラキアを通り、ドナウ川の北岸沿いにバルカン半島に入ったのです。ローマ末期のドナウ川流域とバルカン半島の民族的構図は非常に錯綜していました。南部のギリシア人やマケドニア人は別にして、原住民としてトラキア人、ゲド＝ダキア人、イリュリア人それに現在のオーストリアに近い地方にはケルト人が住んでいました。彼らはローマ人がこの地域に進出する以前からローマ文化の影響を受けて、ローマ化していき、ラテン語を話し、ローマの生活文化に馴染んでいました。半島の内陸部の険しい山岳地帯を拠点にしたトラキア人やイリュリア人たちは、独自の文化を保持し続けます。

フン族ついでアヴァール族の襲来

バルカン半島のこうした民族・政治状況を大きく変えたのは、四世紀後半から約一世紀にわたって、西ローマ帝国を悩ませたフン族の襲来でした。フン族はベオグラードの少し北でドナウ川に合流するティサ川流域を拠点にして、ハンガリー平原に覇を唱えました。これと対峙するように、ローマ帝国の同盟軍となったサルマティア(サルマタイ)人、アラン人などの遊牧民族や、ゲルマン系のゴート人、ゲピド人、クワディ人、ヘルリ人、ヴァンダル人などがひしめきあったのです。四五三年にフン族の領袖《りょうしゅう》であったアッティラが死歿すると、この遊牧帝国はあっけなく滅び、複雑にひしめいた諸民族が角つきあう動乱の時代が始まります。スラヴ人がドナウ地方に進出し始めたのは、こうした動乱がきっかけでした。六世紀中頃にはスラヴ人のバルカン半島への定着は確立し、ドナウ川を西に遡って、ベオグラード近辺まで勢力圏を拡大しました。ちょうどそのおりにフン族に代わって、今度は同じ遊牧民のアヴァール人が襲来し、バルカン半島に覇権を打ち立てます。スラヴ人はアヴァール軍の一翼として動員されることになります。しかし六二六年にアヴァール軍とペルシア軍とが連合してコンスタンティノープルの包囲戦を仕かけるのですが、「ギリシアの火」と呼ばれた火薬を用いるビザンティン軍の反攻に遭い、連合軍は敗北し、これがアヴァール族の凋落の転換点となりました。この時期にはすでに、スラヴ人がバルカン半島全体にわたって植民していたとされます。

十世紀のビザンティン皇帝コンスタンティノス・ポルフュロゲニトゥスが書いた歴史書によれば、七世紀後半に、もう一度スラヴ人のバルカン半島への入植の大波が押し寄せます。セルビア人やクロアチア人などのスラヴ系民族が、カルパティア山脈の北から進出して、バルカン半島北部の地中海に臨む海岸地帯のダルマティアを支配しました。スラヴ人のバルカン半島への植民は、基本的にこれをもって終息します。

バルカン半島の民族地図の複雑さ

このようにして、八世紀頃までのバルカン半島におけるスラヴの民族的優位が定まるわけですが、しかし「優位」という言葉を使ったものの、それはかなり表層的な意味においてであると申さなければなりません。すでにローマ人が支配の手を伸ばす前からの定住者トラキア人、イリュリア人の社会や伝統が根こそぎ消滅したわけではありませんし、フランク人やブルグンド人のような少数を別にすれば、民族移動期の歴史に顔を出したほとんどすべてのゲルマン民族がこの地に一定期間定住し、一部をそこに残しました。し、大はフン族、アヴァール族、小はアラン族、サルマティア族のようなステップ地帯からやってきた遊牧民族もここに根を張りました。そしてスラヴ民族がきたわけです。やがて十四世紀には、イスラーム教徒のオスマン・トルコが大挙して押し寄せ、これ以上ないほど複雑化したバルカンの民族地図に、民族面の複雑な状態を一層複雑にし、新たに宗教的な多様性をも加えました。

近代に入ってからでもバルカンの歴史は輻輳を極め、その国際政治上の不安定さは「世界の火薬庫」という名前を冠されたわけですが、その根は中世の末期に骨格ができあがっていたのです。ある研究者は先に説明した諸民族のこの地への往来が醸成した文化を、戦士文化と名づけました。部族集団、諸民族の角逐はバルカン半島の歴史を貫く、悲劇的な運命の通奏低音のようにも思われますが、しかしそれがなぜそのようであったかという問題には、やはり歴史的な解というものがあるはずです。それを突きとめるのは中世史学の大きな課題であろうと思いますし、西洋中世のグローバルな歴史を描き出すために、欠かせない作業と思われます。

ロマニスト史観の勝利

このテーマは実は古くて新しい問題です。古くてというのは、これは古代から中世への移行問題として、十八世紀の啓蒙思想家モンテスキューや、歴史家エドワード・ギボンにまで遡る議論の歴史があり、十九世紀にはドイツの歴史家たちが盛んに論争を展開したトピックであったからです。それは中世初期社会をゲルマン社会の連続線上で考えようとするいわゆるゲルマニストと、中世の始まりをローマ社会との連続で捉えるいわゆるロマニストという、二つの互いに対立する説として、歴史家たちの間で継承されてきました。日本の西洋中世史学もまた、第二次世界大戦後のある時期まで、最大のトピックとしてこの問題への取組が、西洋中世史研究を志す者にとっての一種の通過儀礼のような側面をもっていたのです。

ところでゲルマニストかロマニストか、という二者択一の単純な見方に立つならば、日本の歴史学において勝ちを収めたのがゲルマニストの歴史観であったのです。現在はそうではありませんが、一九三〇年代まではドイツの歴史家の多数が支持・主張したのは、古代との断絶現象により多くの歴史的意義を見出したゲルマニストの見解であり、ドイツ史学の圧倒的影響下に成長した日本の歴史学が、この問題に関してもドイツ史学に大きく影響されたとしても、無理からぬところであったのです。

一方の新しい側面は、一九二〇～三〇年代にウィーン学派の巨匠アルフォンス・ドプシュや、ベルギーのアンリ・ピレンヌのような存在感あふれる中世史家が、古代からの連続を主張したにもかかわらず、少数派にとどまったのです。しかし一九六〇年代以降、ローマからの連続局面の数々が史料解釈のうえで発見され、今日ではむしろローマからの連続局面を大きく評価する中世史家が多数を占める状況になってきています。その象徴といえる現象が、EUの科学振興機関である「ヨーロッパ財団」が、一九九六年から五年間にわたって財政支援をおこなった「ローマ帝国の変容」という歴史研究の一大プロジェクトです。EU加盟国の第一級の歴史家が参加し、古代から中世への転換を、ローマ帝国の消滅ではなく、「変容transformation」として理解しているところに、現在の主流を構成する欧米の歴史家たちがロマニストの見解に与している事実が見て取れます。

ローマ役人王権としてのフランク王権

その内実は簡単に説明すればこういうことです。

ゲルマン人がかつての西ローマ帝国の領土に建国した、いわゆるゲルマン人後継国家の為政者たちは、フランク王にしろ、東ゴート王にしろ、西ゴート王にしろ、いずれもがローマ帝国の継承者として自らを意識していました。彼らはたしかに征服者であり、支配者としての意識をもってはいましたが、西ローマ帝国という政治体制が消え去ったのち、それがあたかも存続しているかのように振る舞っているのです。たしかに東には、やがてビザンティン帝国の名前で呼ばれる、東ローマ帝国が健在であり、イタリアに建国した東ゴート国家はこれにより滅ぼされることになるわけで、その力は決して侮れない存在でした。しかしそれ以上に征服者たるフランク王のローマ体制に対する恭順の意識は強力でした。そもそもフランク人首長層は、四世紀半ば頃から約半世紀以上も、ローマの軍隊や政治世界に入り込み、ローマの執政官になったり、東ローマ帝国の皇帝家と縁組したりするほどに、ローマ社会と政界に深く食い込み、ローマ体制にコミットしていたのです。そのことは東ゴートの場合も同じでした。六世紀のフランク王権の性格は、ローマ体制の継承を旨とする「役人王権」と名づけてもおかしくないような性格を基本としていたのです。ここでは国王の文書局の文書作成の規範は、書体と形式の面で帝国の地方政庁の慣行を踏襲していたのです。租税制度が残存しているところでは、これを引き続き機能させていました。統治は大幅に文書に依拠して実践されたのです。法の面でも、数のうえで圧倒的多数を占めるローマ人は、『テオドシウス法典』というローマ帝国の法に依拠したのでした。支配者でありながら数的に劣勢であるフランク人だけが、これまたローマ属州当局が準備したとされるフランク人の伝統的な法慣行を成文化した『サリカ法典』と呼ばれる、固有の法で裁かれたのです。

このように、ローマ帝国の制度や機構、伝統が積極的に温存されにもかかわらず、ゲルマニストたちが文化の衰退や、制度的側面についてかなり概括的な見方をもとに、ゲルマン的文化や社会構造が優位を占めたと考えたのは、時代の波動をあまりに大雑把に捉えすぎたところにあったようなのです。彼らがゲルマン的色彩が濃厚であると感じた理由は、例えば六世紀末にトゥール司教グレゴリウスが叙述した『歴史十書』のなかにみえる社会のイメージですが、それはローマ帝国がまだ健在であった頃に、すでに出現していた状況でした。それらがゲルマン人が「ゲルマンの森」深くから持ち込んだ要素と、軽々しく判断できない現象でありました。しかしとりわけ大きなファクターとして働いたと思われるのが、七世紀中頃から顕著となる、のちの時代の観点からすると極めてゲルマン的要素です。クローヴィスの息子や、孫の時代に比べるならば、カール・マルテルやカール大帝(シャルルマーニュ)の時代のほうが、はるかにゲルマン的色彩が濃厚な社会なのです。蛮風吹きすさんだはずの民族移動期直後よりも、それから二世紀ほど経過した初期カロリング時代のほうが、一層ゲルマン的色彩が濃厚であるという、この逆転した事態が、ゲルマニストをしてローマとの連続的側面をまともに検討しようという気にさせなかった大きな原因であったと思うのです。歴史学はマルク・ブロックが述べているように「変化」の学です。そうであるならば、それぞれの時代の固有の相を厳格に捉え、それが異なる段階に進んだ理由を説明するという態度が望まれるわけです。

「再ゲルマン化」の要因

七世紀、八世紀と時代が進むにつれて、フランク国家、フランク社会がいわゆる「ゲルマン化」の様相を色濃くしていった、私の言葉でいうならば「再ゲルマン化」という事態が生じたのは、五〇〇年代を通じて、ライン川の向こうから、いやもっと遠くのエルベ川の流域からさえ、大量のゲルマン人が頻繁にフランク国家の東部に流れ込んできたからです。この点ではいわゆる民族移動期のゲルマン人の帝国領土への侵入などは、およそ微々たる数でしかなかったのです。むしろ民族移動の大波が去ったあとの、つまりフランク国家の建設が本格的に開始された六世紀からのほうが、量的に多数のゲルマン人が続々とフランク国家の版図内に流入しました。先ほどあげた五三一年のテューリンゲン族の制圧、五三四年のブルグンド族、五三六年のアレマン族、五五五年のバイエルン族のそれぞれ征服は、これらの族民をフランク国家の版図内部に引き寄せる効果をもったのです。その結果、ライン川の東に定着していたゲルマン諸部族の間に、ライン川から西のフランク版図内部に向けての玉突き的な移動の連鎖反応が起こったのです。そして移動した彼らの背後に広大な無人の土地、政治的真空地帯が生じたのです。前述の(二一頁参照)六世紀のスラヴ人の西方への移動は、このようにして生まれたエルベ中流域やザーレ流域の無人の地への定住となって現れたのでした。こうした動きの最後のものが、八世紀の七〇年代に開始するザクセン族への血腥い遠征であったのです。

大陸のゲルマン人が八世紀にいたるまで、自らの言語を文字で記録する習慣をもたなかった、つまりドイツ語の記録をもたなかった背景には、ライン川の東の地域でのこうした尋常ならざる事態が恒常化し、不安定で自分たちの言語を記録するための文書実践が疎かになっていたためかもしれません。あるいは（これは純然たる仮説ですが）ルーン文字が、ゲルマン人の初歩的な文字記録手段として広まっていたためかもしれません。この点は今後の研究の進展に待ちたいと思います。ちなみに同じゲルマン系の民族でもアングル人やザクセン人は、六世紀の末にアングロ・サクソン語（古英語）という独自の言語を用いて法典編纂を実施しています。

いずれにせよおおむね九世紀には、ゲルマンの諸族はフランク国家の保護支配のもとにおかれたのです。これ以後スラヴ世界が、ヨーロッパがつくりだす近代世界システムにおいて、かつてゲルマン人が引き受けていた周縁地帯の役割を果たすことになるのはご承知のことと思います。

中世における古代ギリシア思想の伝播をめぐる論争

最後に取り上げる問題は、本書第九章で詳しく取り上げるので、ここでは論争にいたった経緯についてだけふれることですませることにします。それはフランスで二〇〇八年前半にホットな議論を呼び起こしたものです。しかも議論はアカデミアだけにとどまらず、政治イデオロギー的色彩をもった論争をともない、メディアでも取り上げられました。

この問題に関して多くの中世史家が通説とみなしている考えは、一九二七年に合衆国の中世史家チャールズ・ホーマー・ハスキンズが、その著書『十二世紀ルネサンス』によって確立した見解です。その考えというのは以下のようなものです。

西ローマ帝国の崩壊以後、西方世界の文化的凋落は著しく、とりわけギリシア世界の知的遺産の継承は見る影もなく衰退し、ゲルマン人の部族国家では、かろうじてローマ末期にラテン語に翻訳された作品が、写本として西欧各地の修道院で筆写され続けただけでした。古代ギリシア人の智慧とギリシア文化は、西方世界ではなかば忘れられた遺産となるのです。セビーリャのイシドルスも、ウェマス゠ジャロウ修道院のベーダも、ヨークのアルクイヌスもほとんどギリシア語を解しなかったとされています。

このような文化状況に転換が訪れたのは、十二世紀中頃であり、とくに十三世紀以降のトマス・アクィナスやアルベルトゥス・マグヌスのような、近代哲学の祖となる論理学者たちの業績は、アリストテレス哲学なしにはありえなかったものでした。その意味でアリストテレス哲学が西洋で再発見されたのは決定的に重要な事件でした。一〇八五年にスペインで、イスラーム教徒からトレドが奪回されると、トレド大司教ライムンドゥスとその後継者ヨハンネスが、ここにアラビア語文献のラテン語への一大翻訳センターを組織して、大量の写本を生み出しました。アリストテレスの『自然学』をはじめ、最重要の哲学文献が、イスラーム哲学者アヴェロエス(イブン・ルシュド)によるアリストテレスの註釈とともにアラビア語から翻訳され、アリストテレスの業績が本格的に西洋にもたらされ、そのかけがえのない知的財産になったというわけです。その意味で、西洋の知的伝統の最重要部分が、イスラーム文明に大きく負っているとする見方が定説として確立したのです。

さて二〇〇八年三月六日、パリの著名な出版社スイユから叢書「歴史の宇宙 l'Univers Historique」の一冊として、ある書物が出版されました。その書物の題名は『モン・サン・ミシェルのアリストテレス *Aristote au Mont-Saint-Michel*』、副題が「キリスト教ヨーロッパのギリシア的根源 *Les racines grecques de l'Europe chrétienne*」と銘打っていて、著者はシルヴァン・グーゲネムという当時四十代後半の中世史家です。それから約一カ月後にフランスの高級紙『ル・モンド』にこの書物の好意的な書評が掲載され、俄然論議を呼ぶことになったのです。この書物は序論を除いて全体で五章から成り立っています。各章の内容を逐一説明するだけの余裕がありませんので、要点だけ指摘いたします。

第一のもっとも重要な点は、先に通説の紹介の際にふれた事実についての根本的異論です。つまりアリストテレス哲学の神髄である『自然学』をはじめとする重要作品が、スペインのトレドにあったアラビア語からラテン語への文献翻訳センターが動き出す前に、直接ギリシア語からラテン語に翻訳されていたという事実の重要性の指摘です。場所はノルマンディの西の端にあるモン・サン・ミシェル修道院で、翻訳者はヴェネツィアのヤコブスという修道士でした。現在でもそのラテン語に翻訳されたアリストテレスの写本は、モン・サン・ミシェルにほど近いアヴランシュの市立図書館に収蔵されていて、目にすることができます。

第二に指摘しているのは、古代ギリシア思想についての関心は、起伏はあるにせよ、西欧において中世初期を通じて途切れることなく続いていたのであって、決してアラビア語からの翻訳を通じてはじめて認識されたわけではなかったということ。

第三に、古代ギリシアの哲学作品の多くは、のちにイスラーム教徒により征服され、イスラーム社会に包摂されたシリア人キリスト教徒の手により、シリア語に翻訳され、必要に応じてアラビア語に翻訳され用いられたとされます。イスラーム世界の代表的な哲学者であったアヴェロエスやアヴィケンナ（イブン・シーナー）などは、いずれもギリシア語は読めず、シリア人キリスト教徒のシリア語訳がなければ、ギリシア思想から滋養を摂取することはできなかったという点。

第四に——この書物に向けられた批判や非難の類いは主にこの点についてなのですが——そもそもイスラーム教徒のもとでは、その宗教イデオロギーを踏まえるならば、アリストテレスを含めて古代ギリシアの思想から叡智を汲み取り、その知的成果を発展させることは難しかった。それはイスラーム文化の陶冶にはほとんど寄与しなかったとする、極めてイデオロギー的な主張。

細かくみていけば、あるいはもっと多くの論点があるかもしれませんが、重要なところは、これでつきていると思います。とくにこの最後の特徴には、彼のアンチ・イスラームの感情があらわであり、読んでいても知的に刺激されるよりも、イデオロギー的プロパガンダに立ち会っているようで、あまり心楽しくないのが正直なところです。しかし産湯のお湯と一緒に赤子を流してはいけません。第一から第三の三つの主張・論点は十分検討に値する内容に思われます。

以下詳細は冒頭で述べたように第九章に譲ります。

以上取り上げた四つの問題は、私が個人的に関心をもちある程度まで自分で調べることができた、西洋中世史上の解決が望まれる未解決問題ですが、歴史の探究にとって多くの未解決問題がわれわれからの問いかけと、さらなる探究を待っています。西洋中世学を専攻する学徒にとって道はまだ半ばでしかありません。

第三章　メロヴィング国家論

メロヴィング朝期の王国を「国家」と規定し、その二世紀半にわたる存続の仕組を自己維持機制として部分王国体制、王権の婚姻戦略、分節的徴税システム、教会と国家の共生、王権の性格の特徴的な五つの視点から解明を試みました。

メロヴィング朝の捉え方

よく知られているように、ゲオルグ・ヴァイツやハインリヒ・ブルンナーをはじめとする法制史・国制史の大家や、フランスのフュステル・ド・クーランジュなど、十九世紀を代表する歴史家たちは、法や制度面でメロヴィング国家の達成度を高く評価していました。しかし、一九三〇年代から貴族支配制説が強力に主張されるようになり、また地域史の枠での精緻な研究が進展するにつれて、いまあげた古典学説の論者が唱えたフランク国家への高い評価は、急速に衰えていきました。つまり古典学説の論者たちは、近代国家をモデルにして、史料で言及されているあれこれの制度的装置を理念的に構築し、それらの制度が機能する現実とはかけ離れた像を描いてみせたにすぎない、というわけです。メロヴィング王朝時代の統治の実態は、このようなおよそ理念的な再構成が想定するような均質な構造を具えておらず、また個々の制度的な仕組が画一的な作動を期待しえないような内容であったことが、研究が進むにつれて明らかになってきたのです。それはまさしく、「十九世紀に特殊な国家概念が世界史の普遍的整序概念とみなされ、中世史家によっても自明のこととして中世的歴史現実の〈思惟的〉整序のために用いられた」〈山田欣吾〉ことの弊害でした。近代的国家観を中世に投影したことから生まれた蜃気楼であったのです。

だが一方で、国家の有無を判定する絶対的な物差しを、近代国家のモデルに措定したうえで──つまりその限りにおいて中世には国家が存在しなかったことを自明の前提として──近代国家の本質的要素である官僚制や、国籍観念、物理的強制力の独占、権力分立システムなどが、近代以前のヨーロッパの歴史のどの段階で出現するかという関心から、中世国家を考察する歴史家も登場しました。一九七〇年に『近代国家の中世的起源について』〈邦訳『近代国家の起源』鷲見誠一訳、岩波新書、一九七五年〉を著したプリンストン大学のジョゼフ・ストレイヤーは、そうした一人です。彼はゲルマン人の部族王国を、近代国家の対蹠にある存在と考えたのでした。中世初期の国家現象を著しく低く評価する二十世紀のさまざまな潮流が、ストレイヤーが打ち出したこうした考えに合流したといってよいでしょう。

ちなみにドイツ中世史学界でいまもっとも華々しい活躍をしているゲルト・アルトホフもまた、公的な秩序を体現する存在としての国家が、中世盛期においてさえ不在であったとする考えをその著作『オットーネン──国家なき国王支配』というタイトルとして表明しています。もっともアルトホフの場合は、ストレイヤー的な近代主義とはまったく異なる発想による認識からきています。

中世史における新たな国家概念の構築

ところで近代を基準点として過去の現象を計るという目的論的な発想から離れて、ドイツの中世史家ハンス゠ヴェルナー・ゲッツが提唱するように、それぞれの時代に固有の秩序概念に基づく、時代に特有の公権力の存在様態を手がかりに構想するならば、これまでとは違った国家概念の地平が開けてくるように思われます。そうすることにより、第一に超歴史的な秩序概念として近代の公権力概念を、過去の歴史的国家に外挿、つまり「エクストラポラシオン」して、所与の時代の国家の成熟度を判定するというアナクロニズムをまぬがれることができます。第二に、中世以来の国家発展の歴史を、同一の秩序概念によって裁断される単純な、単系的な発展として再構成するのではなく、おのおのの時代と社会構成の態様によって異なる秩序概念がつくりだす、不連続で、多系的な時代的変遷として、国家の歴史を描き出すことが可能となるからです。そして、私見によれば、それは中世初期国家についての研究を大きく進展させるために必要な、そして実り豊かな歴史学的脱構築作業なのです。

このように議論の方向性を定めたとき、非常に興味深いのは目下のヨーロッパ中世初期史全体に関して、もっとも精力的に研究を進めている一人であるイギリスの歴史家クリス・ウィッカムが、二〇〇五年に出版した大著『中世初期の枠組をつくる――ヨーロッパと地中海世界、四〇〇〜八〇〇年』です。全体で九九〇頁、文献リストが一一〇頁という浩瀚《こうかん》な書物ですが、序論と結論を除いて、一〇章からなり、注目すべきは地理学的序論に続く、実質的な第一章が一〇〇頁にわたる中世初期の「国家」についての考察であるということです。

ウィッカムはこのなかで、歴史的な国家の理念型を構成する要素として、以下の五つをあげています。第一は、裁判組織や軍隊などの正当性と強制力を具えた権威が中央集中化されていること。第二は、公的な役職としての官職が機能分化し、一定のハイアラーキーを形成し、個々の役人を超える永続性を有していること。第三に、支配する者、支配される者の個別のイデオロギーから独立した、公権力の概念が存在すること。第四に、支配者のための独立した安定的な財源の存在。第五に、階級を基礎とする余剰収奪と社会的成層化のシステムの存在です。

これら五つの条件が満たされていれば、当該の政治組織を人類学でいう単なるポリティ(政治集団)ではなく、それを超えた存在としての「国家」とみなして構わないとウィッカムは考えているのです。いうまでもなく、この五つの特徴を具えた国家の定義は、いわゆる近代国家をモデルにした定義とは大きく異なっています。われわれは国家を構成する主体としての国民、独自の意思決定をおこなう能力としての主権、空間的枠組としての領土、これらが国家の三要素であると学校で教えられてきましたし、またそれは政治学の常識でもあります。しかし、ルネサンス以後の政治思想と国際法的な思想の精錬の成果でもあるこのように簡潔な「国家」の定義は、あくまで近代の法思想の産物であり、古代や中世の歴史的に存在した過去の政治組織に適用することはできません。そのことは自明のことのように思えますが、しかし多くの歴史家はそのように考えることをしませんでした。先の近代的なモデルを物差しにして、中世に関していうならば、「中世に国家は存在しなかった」と議論を展開したのです。物差しとして使った国家モデルが近代のモデルであることを考えるならば、それは正確には「中世には近代的な国家は存在しなかった」というべきであったのですが、これが一つのナンセンスであることはあまりにも明らかです。近代の規範を過去に投影したこうしたアナクロニズムの思考は、よく考えてみれば不思議なことですが、しかしそうした思考をとくに奇妙と感じさせない理由もありました。一つは、歴史の展開のなかに社会進化的作用が働いているとする見方が支配的であったことです。こうした観点からすると、歴史は社会の単系的な発展の連鎖であり、われわれが帰属する近代あるいは現代が、歴史的考察の基準点とならざるをえません。そして過去のどの歴史的時点で、種々の近代的要素がどのような契機により発現したかが、最大の関心事となるのです。先に紹介したストレイヤーの考えはまさしくそのようなものでした。そうした思考法によれば、近代的な国家の不在は、端的に「国家の不在」として認識され、そのことは別段不都合なことではないのです。重要なのは近代的契機を歴史のなかに探ることだからです。

中世における「公」観念の存続

これは歴史学的思考一般に属する問題ですが、中世史独自の問題としてもう一つ重要な要因をあげておかなければなりません。それは政治秩序の形式、または性格に関わる事柄です。フランスの中世史家ルネ・フェドゥは今から三〇年以上も前に、『中世の国家』と題するよく読まれた概説書のなかで、次のように述べています。すなわち「「私物」化され、国王の「人格」に統合された国家への人身的な奉仕により特徴づけられる中世初期と、「行政機構」を具えた王政の誕生とともに公共業務を全面的に展開させた中世後期とが、好んで対比される」と。中世初期の国家とは、民族移動時代に生まれたゲルマン部族国家、とりわけフランク国家が念頭に置かれているのですが、そこでは公共の観念、公的原理が失われ、国家はあたかも国王の私物であったかのように理解されています。そしてこのような見方は、中世初期を専門にする歴史家を除けば、多くの歴史家が共有している認識であろうと思われます。私はここで、例えば一九五〇年代から六〇年代のわが国の専門家の方々が、この時代の史料に頻出する「publicus」という言葉を日本語に移すとき、いかに苦労したかをうかがい知ることができる論文を多数想起できます。「プーブリクス」を「公の」と訳す代わりに、結局「王の」と訳さざるをえなかったのです。なぜなら、この時代には最早「公の」という観念は消滅しており、ローマ帝国の言語を統治言語として継承せざるをえなかったゲルマン部族は、ローマ人とは異なる意味を込めてこの「プーブリクス」という概念を用いるほかなかったからだ、と論者たちは考えざるをえなかったのです。

しかし現下の学問状況は根本的に違っています。すでに先に指摘したように、ウィッカムはポスト・ローマ期を想定した国家の定義のなかに、官職の公的性格や、公権力の概念の存在をあげているのです。中世初期における「公」の観念の存続については、今日、ほぼ歴史家の間で市民権を得つつあるように思われます。むろんその内実の評価に関してフランスの歴史家でフィスカリストと称されるジャン・デュリアや、エリザベト・マニュ＝ノルティエのような極端に公観念の連続を強調する歴史家や、それよりややトーンを落としているものの、公的秩序の連続を確信しているイギリスのスーザン・レイノルズ、そしてやはりさまざまなニュアンスを交えながらも、基本的に公観念の存続を確信しているウィッカムのような例も想い起こされます。二〇〇八年四月、バンクーバーで開催された第八三回アメリカ中世学会の年次総会にゲストとして招かれ、開会講演をおこなったウィッカムが取り上げたテーマは「公的なるものの文化――政治集会と封建革命」と題するものでした。彼はメロヴィング時代とカロリング時代を通じて、公的な原理が社会運営の基本をなしていたという考えを、そこでも強調しているのです。

以上は公観念を指標として中世初期国家の国家性を再評価しようとする動向ですが、これとは別に「公」的要素の存否とは関わりなく、政治組織が具えている秩序統合機能の様式に注目し、この側面からその紛れもない国家性を指摘する論者も存在します。

王権と貴族の協力関係

イギリスの若手歴史家に属するマシュー・インネスやサイモン・マクリーンらは、中世国家の探究において、中央集権的な官僚制を基準にした国家モデルや、権力を公私の二範疇へ単純に分類してしまう操作がいかに時代錯誤的な思考法であるかを、それぞれ最近の著作のなかで力説しています。そしてそのうえで、国王権力と地方権力の対抗関係はむしろ中心と周縁の関係を強化し、その結果より強固な国家構造を造り出すのに成功したとみているのです。彼らにとってカロリング王権の統治行為とは、本質的に地方における社会的レギュレーションの自己維持過程ともいえる自律的性格を具えているのです。カロリング時代に関していうならば、国王統治の地方での体現者であった伯をはじめとする「役人」は、もともと地方の有力者であり、彼らは国王への奉仕と勤務を通じて自らの権力を再規定し、カロリング権力との調整を計ったのだと指摘するのです。ドイツ史学の伝統的な構想は、貴族支配制説に端的に表れているように、王権と貴族との平板な対抗関係として捉えられてきたきらいがあり、王権と貴族とは中世初期を通じてゼロサム・ゲームのルールで対峙していたと理解されてきました。貴族勢力が集団として王権の権力基盤の浸蝕をめざし、それは同時に自らの物的基盤としての土地獲得という統一の目的をもって行動したかのごとくみなされてきたのです。だがこのような認識は完全な誤解であり、王権と貴族勢力とはむしろ相互依存関係にあったのであり、地方貴族は王権をむしろ自らの固有の権力の根拠とし、国王への奉仕を通じて自らの権力を再定義してみせた、そうした構造的特徴をもつ国家であったというのが二人に共通する主張です。

ウィーン学派の気鋭ヴァルター・ポールは、ポスト・ローマ期のゲルマン部族社会の国家性を検討し、以下のさまざまな点をその特徴的な要素としてあげています。(1)政治権力の継続性、(2)安定性を保証する装置としての司教管区、修道院、貴族支配、都市など、(3)国家性の核となるregnum(レーグヌム=王国)の自律性と自己参照的性格、(4)アイデンティティの源泉であるゲンス(部族)の「国民的性格」、(5)もう一つのアイデンティティとなる教会の存在、(6)キリスト教的言語共同体、(7)レーグヌムという政治システムが、政治的紛争と権力闘争の枠組となる、(8)軋轢《あつれき》と紛争が権力関係をテストし確認する機能をもつ、(9)租税システムや官僚制、常備軍が存在しなくとも中央権力は経済的、軍事的、人的リソースを掌握し、動員する手段を有していること。以上がそれです。

たしかにポールの主張するヨーロッパ初期の国家の特徴は、近代国家の明瞭簡素な定義に引き比べて、いかにも訥々たる揚言で、一望千里の展望の明瞭さを欠いていますが、それでも先に紹介したインネスやマクリーンの発想と通じ合うところが多く、おそらく研究の現段階ではこの時代の国家性を規定する妥当な指標と思われるのです。

以上を前置にして、以下にメロヴィング朝時代の国家に関して、私がこれまでおこなってきた研究のなかで浮上してきた、五つの論点――これらを私はメロヴィング国家の自己維持機制と呼びます――を逐一検討し、またこれまで紹介したさまざまな最近の研究が生み出した着想をも参考にしながら、メロヴィング国家の構造的特質を明らかにし、そこに内在するロジックを解明したいと考えます。その五項目とは、(1)部分王国体制、(2)王家の婚姻戦略、(3)分節的徴税システム、(4)教会組織と国家組織の共生構造、(5)王権の性格の五点です。

部分王国体制

部分王国体制とは、フランク国家全体が、いくつかの領域部分に分かれ、全体として一つのフランク国家を構成する体制です。その出発点となったのは、五一一年にクローヴィスが死歿したとき、それまで単一の国家であったフランク王国が、クローヴィスの四人の息子、すなわちテウデリクス一世、クロドメルス、キルデベルトゥス一世、クロタリウス一世の間で、分割して相続されたところにあります。クローヴィスがその死に臨んで、王国の継承に関して、特別の指示を遺したという事実は、トゥール司教グレゴリウスも、その死について述べる六世紀ビザンティンの歴史著作家アガティアスも伝えていません。

このように国家をあたかも私有財産のように分割して、これを息子たちがそれぞれの持ち分として部分王国を相続する慣行に対して、歴史家たちはフランク人にはもともと、国家を公的なものとみなす観念が欠如しており、したがって彼らはそもそも公権力という観念も知らなかったのだと考えたのです。王国の継承に関して、国王の複数の息子たちが分割して相続する慣行は、ブルグンド族を除いて他のゲルマン人のもとでは知られていないのです。

イギリスの歴史家イアン・ウッドは、この点について従来の考え、すなわち王国を男子の継承者が分割して相続するのは、フランク族のもとであっても、古くからの伝統ではなく、クローヴィスの死後に新たに出現した新機軸であるとの新説を一九七七年に唱えました。五一一年のクローヴィスの死のおりに、男子の継承者で成人に達していた、つまり戦士として君臨できる年齢に達していたのが、長男のテウデリクス一世ただ一人しかいなかったこと、そしてこの長男だけがクローヴィスの妻で、ブルグンド族王家の血統を継いでいたクロティルディスが自らの腹を痛めた子ではなく、クローヴィスがカトリック教徒のクロティルディスと結婚する前に、名前不詳の女性との間にもうけた息子であったという事実が、この問題を解く重要な鍵であるとウッドは考えました。彼の仮説は次のようなものです。クローヴィスの死後の分割相続の背後には、寡婦となった王妃クロティルディスの意向が働いていて、彼女は長男であるテウデリクス一世による王位の単独相続によって、自ら生んだ息子たちがみな王位継承から排除され、場合によってはその生命さえ危うくなりかねないと危惧し、すべての男子継承者による王国の分割相続という方式を創案したというのです。これに関しては、自らの出身部族であったブルグンド族にそうした慣行があったことが、大きな助けになったのではないかとするものでした。つまり王国の分割相続は、当時の政治的コンテクストの所産であり、フランク人の相続伝統とは無関係であるというのが彼の考えです。ブリギッテ・カステンは、ウッドとは意見を異にしていますが、一九七七年になってフランクとブルグンドの国家分割の着想が、末期ローマの帝国の分割統治から得たものではないかという推測を提示しています。

やがてこうした分割相続の過程のなかから、フランク国家はアウストラシア、ネウストリア、ブルグンドという三つの部分王国に編成されて、メロヴィング王朝時代を通して王国政治の枠組となり、ドイツ史学が言う「部分王国体制」として鼎立することになるのです。この「部分王国体制」は、その対抗原理として極めて強力な統合的モメンタムを具えていて、何度か単独の王が一人で君臨する体制に復帰する事態を迎えもします。フランク国家全体を統一して支配する、すなわちTeilherrschaft（部分支配）に対して、Samtherrschaft（全体支配）もまたこの王国のもう一つの基本原理であったことを忘れてはならないのです。それはカロリング時代にまで連綿と続く、この国家の組成原理の基本特徴といってもよいでしょう。政治的コンテクストに応じて柔軟に機能する、分割と統合という二つの国家運営上の原理の存在と、この二原理の間の緊張関係が、フランク国家が部分王国の存在にもかかわらず、分裂をまぬがれ、長期にわたる支配を実現しえた理由の一つであったといえそうなのです。カール＝フェルディナンド・ヴェルナーは、regnum Francorum の一体性という観念は非常に強く、その一体性の保証はメロヴィング王家の血統を引く者のみが王として君臨する権利をもつという思想であったと述べています。

部分王国体制に関連して、「分割」体制が内在させているより積極的な統治上のメリットを指摘しておかなければなりません。その利点として二点あげておきましょう。一つは統治実践上の利点です。メロヴィング時代のガリアは、たしかに部分的にかつてのローマ帝国の統治組織の名残りが、そこかしこにあったものの、それは畢竟解体に向かう途上の遺制でしかありませんでした。しかしフランク人が支配する広大な版図全体を覆い、効果的に統治するための単一の行政機構を創出し、機能させるだけの技術的手段がないなかで、部分王国体制は、結果として版図をいくつかに分割し、単一の王国であるよりはるかに狭小な単位で統治を完結させる利点があるといえます。

第二に、部分王国体制ではそれぞれの王国において、自己完結的な統治組織が立ち上げられるのですが、それぞれの王国で枢要な役割を担った人物は、国王の死歿や、その他の事情で当該王国が他に併合されたおりに、そのポストを失うという事態に直面することが珍しくありませんでした。そうしたおりに、他の部分王国でふさわしい官職を見出す可能性がつねに存在することは、切羽詰まって政治的な陰謀に走ったり、謀反に訴えて自らに有利な活路を開こうとしたりといった、政情不安が生まれる要因をあらかじめ阻止する効果があったのではないかということです。現実にはグレゴリウスの書き残した『歴史十書』には、陰謀を廻らした廉で王の命令で誅殺される高位高官の例は少なくありませんが、現実に政治反乱として語りうる事件は、ビザンティン帝国が後ろ楯になった五八二年から五八五年にかけてのグンドウァルドゥスの王位簒奪の企てくらいのものでした。また高位の官職担当者のプロソポグラフィ的研究は、ネウストリアからアウストラシアというように、複数の部分王国の高位官職を歴任した何人かの人物の例を教えてくれます。

部分王国体制は、互いの敵対的競合というマイナス要因をはらんでいますが、一国内部での政治的緊張が臨界点に達して取り返しのつかない事態に陥る危険を回避してくれる安全弁的な役割も果たしたともいえるのです。部分王国の複数並立状態というのは、いわば柔構造としての国家体制と表現できる側面ももっていたといえるのではないでしょうか。

メロヴィング王家の婚姻戦略

続いて王家の婚姻戦略について述べなければなりません。すでにふれたように、フランク国家の一体性の保証は、王として君臨する者はすべからくメロヴィング王家の血筋に当たる者でなければならないという血統原則でした。メロヴィング王朝の婚姻関係の情報を盛り込んだ系図は、この王朝が血統の管理を意識的に、かつ厳格に実践していたことを教えてくれます。基本目標は、王国内に外戚をつくらないためにはどうすればよいか、ということであったように思われます。このため初期の王族は徹底した族外婚(エクソガミー)を実践しているのが特徴です。クローヴィスの父であったキルデリクス一世の妻バシナは、テューリンゲン族の王妃(王女)であり、クローヴィスの妻クロティルディスは、すでに指摘したようにブルグンド族の王家出身でした。姉妹のアウドフレディスは東ゴート族のテオドリック大王に嫁しました。クローヴィスの長男のテウデリクス一世はブルグンド王シギスムントの娘スアヴェゴタを妻にし、次男のクロドメルスは同じくブルグンドの王族グンテウカと、三男のキルデベルトゥスは東ゴートの王族ウルトロゴータと、一番年若いクロタリウス一世は当初イングンディスという名前の出自不明の女性と内縁関係にありましたが、その後早世したクロドメルスの寡婦グンテウカと内縁関係に入り、続いてテューリンゲン族の王女ラデグンディスを妻にしています。クロタリウス一世に関しては、妻と内縁関係の者あわせて七名の女性が知られています。むろんキリスト教への改宗により、離婚は教会法上認められなくなったのですが、王家に限っていうならば、複数の女性との内縁関係は眉をひそめる事態ではあれ、事実上黙認されるのが現実でした。

このような異国の王族との通婚パターンは、クローヴィスの孫の世代になると大きく変化します。それまでメロヴィング王家に配偶者を供給していたテューリンゲン(五三一年)、ブルグンド(五三四年)、東ゴート(五五二年)などの王国が、フランク族自身により滅ぼされるか、あるいはビザンティン帝国によって征服され消滅してしまったからです。事実、この時期以降異国の王族との縁組としては西ゴート、ランゴバルドそれにアングロ・サクソン諸王国の王族が配偶者の供給源となります。しかしなんといってももっとも印象深い変化は、クローヴィスの孫たちが、一斉にフランク社会内部の下層の女性を妻に迎えるか、内縁関係を結んだことでした。婚姻パターンでいえば、エクソガミーを放棄して、族内婚(エンドガミー)を選んだことです。

これはいささか驚かされる事態です。血統により支配の正当化を実現するのであれば、父母ともに高貴な血統の出自が最良の条件を提供するわけですが、あえて下層の出自の女性、あるいはアウトカースト的な、不自由身分の女性との通婚は、そうした条件に逆行する事態だからです。トゥール司教グレゴリウスは、五七五年頃のこととして、ガップ(プロヴァンス地方)司教であったサギッタリウスが、ブルグンド分王国のグントラムヌスに関して次のように述べたと伝えています。「王の息子たちは王国を継ぐことはできない。なぜならば、彼らの母親は呼ばれて王の寝室に入ったとき、今は亡きマグナカリウスの召使の身分であったからだ」。それに続けてグレゴリウスは次のように独白します。「彼は、王から生まれた者は、いまや女親の出自のいかんに関わりなく、すべて王の子と呼ばれていることを知らなかった」と。

この証言は非常に興味深いものです。いまだ濃厚にローマ文化の残るプロヴァンス地方に生を享け、ローマ法とローマの習俗を規範にしていたサギッタリウスは、父親と並んで母親の出自もまた子の社会的地位を定める要素の一つに数えられるという伝統的な思考に馴染んでいたのでしょう。しかしどうやら時代は父親の地位が生まれてくる子の社会的地位を決めるもっとも重要な要素であるとする、認識の転換を成し遂げていたもののようなのです。少なくとも北ガリアではそうした方向での認識の変化が、社会に浸透しつつあったと考えなければなりません。そして、これは私の推測ですが、この認識の転換は上から、つまり王家の婚姻パターンの変化に促されてつくりだされた極めて目的論的な変化であったのではないでしょうか。

異国の王族との縁組が困難となった今、必要なのはフランク社会内部での配偶者の調達ですが、勢力ある外戚をつくらないで族内婚を実践するためには、できるだけ身分の低い女性を通婚の相手方に選ぶことでした。クローヴィスの孫たちのなかで、シギベルトゥス一世のみが西ゴート王女ブルンヒルディスを妻に迎えるのですが、キルペリクス一世が一時、ブルンヒルディスの姉ガルスヴィンタを妻にしながら、配下の者に命じて殺害させ、その後はグレゴリウスが嫌悪の感情を隠さない下層身分のフレディグンディスを妻にしました。六世紀末から始まる内戦を集結させ統一王となったクロタリウス二世は、このフレディグンディスから生まれた子でした。

このように、メロヴィング王朝の婚姻政策は血統の管理のため、すなわち王家の血統がフランク社会の内部に流出し、それが王家に準ずる勢力に成長して自らに敵対する危険性を、あらかじめ阻止するための仕組をつくりだすために、必要とあれば、出生にまつわる価値観、認識の転換さえ実現できる能力を具えていたとみるべきなのでしょう。周囲を取り巻く国際状況の変化に応じて、柔軟に婚姻政策の方向性を修正し、見事適応したのです。王たちの複数の下層女性との通婚は、一見すると単なる乱脈な生活、風儀の乱れのように思われますが、その実この国家のもつ優れた自己維持機制の発露でもあったのです。

分節的徴税システム

ここで取り上げる分節的徴税システムは、フランク国家全体にわたって整備されているわけではないけれども、それが機能しているところでは、国家運営の基盤になっている非斉一的な制度のことです。いうまでもありませんが、そもそもフランク国家の徴税は、旧西ローマ帝国の税徴収システムが残存しているところでは、それをしばし継承することで作動していました。フランク人自身が新しい制度として創出したものではなかったのです。征服者として定着したフランク人からも税を徴収するかどうかの議論が、国家運営の要路にあった高位高官たちと、フランク人有力者の間のせめぎあいの対象となったことはグレゴリウスが『歴史十書』のなかでも紹介しています。

一九八〇年代以降、歴史家の間でメロヴィング権力の公法的性格、真正の国家としての紛れもない性格についての認識が深まり、それにともない国家的賦課としての徴税活動やシステムを、この政治構成体を理解するための重要な研究上の課題として位置づけるようになりました。先述した『中世初期の枠組をつくる』においても、ウィッカムは西ヨーロッパと地中海世界を空間的枠組とするポスト・ローマ時代の中心‐周縁関係の形成にあたって、エジプトを軸とする東地中海地方が「中心」となった理由を、とくに古代ローマの徴税システムがほぼ完璧に維持されたことのうちに求めています。税徴収活動の結果もたらされた産品は、それらが流通に投下されたり、遠距離間を輸送されたりすることで、私的な流通や輸送を活性化し、経済を刺激する効果をもったからです。

フランク国家では、北ガリアにおいて概していち早くローマ的徴税システムがブレイク・ダウンしたと推測されています。それに引き換え、西フランスのポワティエ地方では、六世紀の末まで租税徴収がおこなわれていた形跡があり、またロワール川地方では、さらにのちの七世紀まで徴税が実施され続けた可能性が、サン・マルタン修道院の会計文書群から推測できるのです。また国家的賦課の徴収と結びついている「フィスクス fiscus（国庫）」機構の検討は、地方によっては例えばアルザス地方のように七世紀末まで税として賦課が徴収された事実を示しています。

フランク国家全体にわたって、統一的な形で徴税システムが維持されたわけではなく、繰り返しになりますが、極めて非斉一的な仕方でいくつかの地方で七世紀末までこのシステムは機能し続けました。われわれの思考はなかなか分節化された制度現象を、どのように位置づけるかに慣れていませんし、肝心の分節性を国家理論のなかに組み込んで理解するまでにはいたっていないというのが現状です。しかしメロヴィング国家が自らを維持する要素として、公的賦課機能をたとえ空間的に偏在した姿であれ利用したことが、断片的な史料所見を通じて浮かび上がってくることは確かなように思われるのです。

教会組織と国家組織の共生構造

この二つが共生しているという構造は微妙な問題をはらんでいます。なぜならば、中世史を専門とする者には先刻承知のことですが、中世初期ヨーロッパの国家に関して、山田欣吾の「教会としての国家」というコンセプトが広く浸透していて、私が「教会組織と国家組織の共生構造」というとき、山田が述べている、世俗化以前の公共組織のありようについての見方と同じものとされるのではないかという懸念があるからです。われわれは中世初期国家の紛れもない「世俗性」を確信しており、これが「教会としての国家」論とは異なる考えであることは、あらかじめ誤解のないように指摘しておかなければなりません。

この第四の論点は、メロヴィング朝期の宮廷組織の性格と構造に関わっています。私がかつて『法制史研究』二八号(一九七八年)に「六世紀メロヴィンガー王権の宮廷と権力構造」と題する論文を発表した当時は、先行研究がオイゲン・エーヴィヒやカールリヒャルト・ブリュールの研究しかなく、そのことに驚きもし、またそれがために研究は正直おおいに難渋もしました。その後、ゲルマン部族国家の宮廷組織を個別的に考察したピーター・S・バーンウェルの著書や、ジョジアヌ・バルビエの研究が公刊されましたが、人的組織、権力組織としての宮廷を構造的に理解しようとする発想はまだ希薄です。むしろフランク国家の王位継承資格や国王による養子縁組問題を扱ったカステンやベルンハルト・ユッセンの研究や、宮廷を舞台にして活動した女性の考察のほうが、われわれが考える宮廷問題に密接な関連をもっているように思われます。しかしフランク国家の政治的統合力の軸心としての宮廷のもつ重要性それ自体についての認識は、中世初期研究においてほぼ定着しているといってよいでありましょう。

エーヴィヒは一九六三年に発表した論文のなかで、帝政ローマ末期の宮廷官僚の出世コース(cursus honorum)として、宮廷職の栄達を極めた者は、そこから地方の国家官職に転身するとして、ゲルマン部族国家においてもそのようであったと想定しています。しかしながら、われわれがメロヴィング朝についておこなった調査は、そうではなくて、宮廷の高位の役職を務めた者が地方に出るとき、多くは国家の役職ではなく、教会官僚である司教として地方に降りていく者が多かった事実を明らかにしました。特定の貴族的門閥が連綿と司教を輩出し続けている、例えばボルドーなどは別として、そうでない司教座は、以前宮廷官職を担当した人物が「天下る」事例がめだっているのです。これは六世紀にも、七世紀にもみられる現象です。エーヴィヒは宮廷から地方に「天下る」場合、地方の都市伯(comes civitatis)になると考えていますが、都市伯はむしろ宮廷と人脈上の繋がりをあまりもたない、地方土着の名望家が任命されることが多いように思います。以前国王の膝下である宮廷で活動し、王権との繋がりのある人間が配属される先が教会組織であるという点をみますと、国王権力の赤い糸は地方の世俗官職よりは、教会組織とより緊密な関係を構築していたと考えられます。この論理を押し進めていけば、先に指摘した「教会としての国家」を構想したくなるのですが、私はむしろ逆に教会の世俗性をこのなかに見たいと思うのです。

近年スペイン西ゴート王国の権力地理学を研究したセリーヌ・マルタンは、司教になる人材が宮廷からの「天下り」であるという要素は別にして、この王国でも司教が地方の世俗統治も実践していた事実を見出し、それをどのように性格づけるかについて考察しています。そのことはともかく、メロヴィング国家の中央と地方の関係を人脈ネットワークの観点から見たとき、国家統治に関しては、宮廷と地方支配の関連は一種断絶と形容される構造を示しているといえましょう。地方の世俗支配を担う都市伯などは、宮廷と無関係の在地の有力門閥出身者が就任する例が多数派だからです。

しかしこの点は、もっとつめて考える必要がありそうです。地方で古代以来の学校教育が衰退する状況のなかで、むしろ世俗であれ、教会であれ、統治にとって欠かせない手段である識字能力を有していたのは、宮廷の学校で教育され、文書業務に習熟した宮廷勤務の役人こそがふさわしい存在であったという面があったのではないかと思われます。七世紀には一段とそうした様相が強まり、この時代の著名な司教たち、例をあげるならばノワイヨン司教エリギウス、カオール司教デシデリウス、ルアン大司教アウドイヌスなどはみな宮廷で教育を受けて、宮廷で奉仕し、やがて司教として地方に赴任した者たちでした。この時代には、徴税など一部の地方に残っていた国家的賦課の徴収のような業務を別にすれば、文書作成や保管をともなった世俗業務の多くが司教座文書局の業務として実施されていた可能性が大きいと推測されるのです。地方の司教の管掌事項は聖俗の両面にわたり、そうした司教支配のうえに、メロヴィング国家の地方支配が築かれていたと考えられるのです。

「役人王権」像

最後に考えなければならないのは王権の性格です。メロヴィング王権をどのように性格づけるか、これまで多くの中世史家が頭を悩ませてきました。ルードルフ・ブッフナーがかつてメロヴィング王権について先駆的に論じたなかで、ゲルマン的性格の王観念にローマ的なそれが接ぎ木されたものと指摘したことがありましたが、これは王権の文化的系譜の指摘にとどまり、真の特徴づけにはいたっていないといえます。しかしその半世紀後に書かれたレジーヌ・ル・ジャンの「メロヴィング王権の聖性」の議論にも、人類学的発想の新しさは認めるものの、残念ながらさほど説得力を感じることはできません。多くの研究者が神聖王権、軍隊王権などさまざまな概念装置を持ち出して、性格づけを試みているのですが、そのなかで私がもっとも惹かれたのは、「役人王権」とでも訳しておきますが、オリヴィエ・ギヨが主張している見方です。

これは私自身がこれまで考えてきた特徴づけをもっとも的確に表現している概念であり、それはすでに二〇〇二年に岩波講座『天皇と王権を考える』第二巻に収められた「戦う王、裁く王」のなかで展開していますが、ここでもう一度簡単に概要を紹介したいと思います。

この王権の第一の特徴は、その支配イデオロギー表出の希薄さです。最初にこれを指摘したのは、メロヴィング朝の宮廷即興詩人であったウェナンティウス・フォルトゥナトゥスの作品を分析した古典学者マルク・レドレでした。彼にいわせれば、強い存在感を示すのは「首長」と「父」の両面をもつ司教であり、王はその背後にひっそりと身を隠す様子であると表現しているのです。こうした弱さを、バーンウェルも指摘していますが、彼はその理由を「メロヴィング家門は潜在的な王朝イメージを定着させていた」ので、そうしたことさらの自己主張は必要なかったからであるとしています。けれどもこれはあまり説得的な根拠にはなりません。王権が確立してから、それほどの時間を重ねていないからです。

すでにフランティシェク・グラウスはメロヴィング王権の非カリスマ的性格を強調していました。またアラン・エルランド゠ブランデンブールは、王の死後に当然なされるはずの特別の葬送儀礼が欠如している事実も指摘しているのです。

メロヴィングの王が発給した国王文書の形式もまた独特です。この文書のなかで、国王は自らを「フランク人の王 rex Francorum」とのみ称して、例えば東ゴート王であったテオドリック大王のように、皇帝権への対抗意識をうかがわせる文言は一切用いていません。ペーター・クラッセンが明らかにしたように、国王文書の形式や書体は、ローマ皇帝府のそれを継承したのではなく、ローマ属州の地方政庁の役人文書の形式に連なる内実を示しているのです。

こうしたメロヴィング王権に関する一連の特徴を考慮するとき、彼らはローマの将軍であり、ユーデクス、すなわち国法の執行役人であった、とする先のギヨが提示する王権像が、かなりの妥当性をもつという印象を強くもたざるをえません。

メロヴィング王家の構造的特質

以上のようなポイントを踏まえて、われわれはどのようなメロヴィング国家像を現時点で描き出すことができるでしょうか。まず国家組織の頂点に君臨する国王がどのようにリプレゼントされたかですが、そこには神によって統治の権利を授けられたキリスト教的・神権的性格も、異教の伝統を滲ませた超自然的性格も、軍事的に卓越したカリスマ軍隊王としての性格も、そのいずれも見て取ることが困難のように思われます。五〇七年クローヴィスがヴイエの戦いで勝利した直後に、東ローマ皇帝から与えられたローマの軍事官僚職——これをトゥールのグレゴリウスは「執政官」職と表現していますが、実はガリア全土を軍事的に統括するローマの官職マギステル・ミリトゥムであった可能性が大きい——の肩書をもって統治した「役人」の性格が本質であったのです。国王文書の形式や、超越的な支配者のオーラを演出する葬送儀礼の不在などの要素を考えますと、役人王権という表現が妥当かどうかは別にして、自己表出エネルギーの希薄な王権との印象は拭えないのです。

このようなメロヴィング王権の独特なあり方は、一つは東ローマ帝国への対応と関わっていると思われますが、これはまた別の考察が必要な問題です。もう一方で、分王国体制という複数の国王を擁する国家の性格が、王権のイデオロギーの弱さと深く関連しているように思われます。王が一人ではなく、複数存在することは、卓越した存在としての王の超越性を抑制するモメントとして働いたのではないかという可能性です。

他方で分王国体制は、地理的・文化的に多様な格差をもつ広大な空間を、むりやり一つの政治統合組織としてまとめあげるという、客観的にみてこの時代のフランク人には到底なしえない課題を背負い込むことから、彼らを解放することができました。三つの分王国はそれぞれアウストラシア、ネウストリア、ブルグンディアと称したわけですが、その意味は「東王国」「西王国」「旧ブルグンド人の王国」というものです。これら三つの部分王国に入らないアクイタニア地方は、三王国の領土的利権が錯綜して併存するいわば「草刈り場」となりました。私の考えでは、この三分王国体制が統治の適切さ、かつ相対的に統合可能な空間を構成し、また一つの分王国内部で生じた軋轢や政治的・党派的対立が、メロヴィング国家の全体的瓦解を防止するシステムとして機能したのです。比喩的な言い方を許してもらえるならば、分王国体制は柔構造的な統合機構をつくりだすことができました。任意の分王国で国王側近として活動した高級官職担当者のプロソポグラフィを仔細に検討しますと、勤務する分王国を変えている何人かの人物に遭遇します。彼らはおおむね国王の代替わりをきっかけに王国を変えるのですが、なかには政治的軋轢が原因で勤務先を変えた者もいました。つまり政治的有力者にとって、つねに別の分王国が自らの政治的野心や栄達を実現するためのオルタナティヴとして開かれていたのでした。逆からいえば、メロヴィング王家の血統に代わって、力で王位を狙うのが極めて困難な体制であるということです。残る二つの分王国が黙ってはいないからなのです。

こうした人材面での分王国相互の開かれた体制は、分王国の枠を超えて横断的な人的繋がり、amicitiaや血縁で結ばれた人脈集団を組織することを可能にしたに違いありません。フランク国家に特徴的な、非常に離れた地方にある門閥の土地が散在している現象は、特産物の生産という経済的理由よりも、むしろ人的リソースの分王国間での移動の痕跡ではないかと考えたくなるのです。

メロヴィング王権が自己表出の希薄な性格であればあるだけ、王であることの根拠の客観的重要性が増大します。それはメロヴィングの血筋、すなわち血統でありました。事実、私の目から見るとこの王家には、王の血統を管理することへの異様とも思える執着が際立っています。六世紀半ばまでの異国の王族との族外婚、六世紀半からのフランク王国内の最下層の、事実上家柄をもたない女性との内縁関係による後継者の獲得という婚姻政策の転換は、まことに鮮やかというほかはありません。

ところで残る二つの特徴、すなわち分節的徴税システムおよび国王宮廷と地方支配の結合は、部分的に重なり合った現象であるといえるのです。重なり合っているというのは、統治実践における文書の重要性です。トゥールやポワティエにおいて明らかなように、六世紀の後半までには司教が、地方の支配者として聖俗両面の業務を管掌する「司教国家 Civiitasrepublik」と称される体制を構築していました。七世紀にはカオール司教デシデリウスがそうした例を提供しています。彼らは実質的に中央宮廷と地方とを繋ぐ重要なパイプ役であったのです。メロヴィング国家において、統治は七世紀まで基本的に文書作成を必要不可欠な手段としていました。主要な司教座都市で司教が世俗の領域をも掌握する体制があらわになるのと並行して、識字能力をもったほとんど唯一の俗人である宮廷役人を、チャンスがあれば地方教会に送り込みました。ラテン語の読み書き能力をもった宮廷役人は、必要とあれば司教に期待される教会典礼上の知識を、それほど大きな困難を覚えず獲得することができたからです。ポワティエ司教として宮廷生活から引退したウェナンティウス・フォルトゥナトゥスなどはそうした実例としてあげることができるでしょう。

つまりこの国家は依然として文書の作成と管理を根底においた国家運営を規範としていたのです。宮廷役人から司教への転身は、教会体制の国家への浸透ではなく、むしろ世俗権力による教会組織の利用という面があったのです。今日まで伝来しているこの時代の文書の圧倒的多数が、教会や修道院からもたらされているのは、こうした組織が果たしていた役割からすれば極めて自然なことです。

租税システムが国家全体ではなく、分節化された形態で機能していたのは、おそらく分王国体制と無縁ではないでしょう。どちらかといえば、その残り方はネウストリアよりも、アウストラシアのほうが顕著であったように思われます。フランク人に租税を課そうと努力して殺害されたパルテニウスは、アウストラシア宮廷の高級役人で、第一級の知識人でもありました。税の徴収は慣習の問題ですから、間歇的であっても執拗に求めれば、その記憶が消失してしまうことはないのです。税徴収の記録がトゥールやポワティエなどの、アウストラシア分王国の勢力圏で顕著なのは、そのような税徴収の根本を踏まえて、維持しようと心がけたことの現れであり、この時代の「国家性 Staatlichkeit」の紛れもない表象といえるのではないでしょうか。

第四章　メロヴィング王朝の婚姻戦略

本章の主題は第三章で述べたメロヴィング朝の婚姻戦略問題を掘り下げたものです。血統主義を護持すべく、血統の管理に意をそそぎ当初は族外婚を、これが困難になると「アウトカースト」婚を指向しました。やがてこれが破綻し、貴族門閥との婚姻を実践するようになる過程を論じます。

メロヴィング王朝への眼差し

この一〇年の間にメロヴィング王朝時代にそそぐ歴史家の眼差しは一変しました。十九世紀のロマン主義的風潮のもとで、例えばオーギュスタン・ティエリィによって描き出されたロマネスクな絵巻物風な図柄は極端であるにしても、この時代の政治組織とその機能は統一性と一貫性を欠き、それらを支えた官職の担い手は、パブリックの観念には拘束されることなく、しばしば私的利益の追求に走り、国王は国王で恣意的な権力行使を日常とする、いわば「国家」の名に値しない政治体制のもとに生きていたとする見方が、程度の違いはあるものの、多くの歴史家が共有する時代像であったと思われます。このような観念が浸透した背景には、一つにはこの五世紀から七世紀にかけてのポスト・ローマ期の政治体制が、ゲルマンの奥深い森の世界から出てきた未開の人々によって構築されたものであるとする考えがあったというところにあります。

ドイツ歴史法学派の大家たちの、法制史学の観点からの研究は、たしかに政治・司法集会たる民会の秩序維持機能について説得的な再構成をおこなっていますが、それは国家的政治秩序というより、日々の生活に関わる社会的実践の水準であって、このような定住団体・小地域社会レベルでの自律的な比較的安定した構造と、王国統治の水準での、一見したところ弛緩した政治秩序は鋭い対照をなしています。この一種の「ねじれ現象」とみえるものは、実は時間の経過とともに展開したはずの、下位レベルの秩序原理の上向的浸透によって克服され、同時にこの秩序原理に内在するゲルマン的共同性の属性たる主従制原理によって乗っ取られる形で、その「ねじれ」を清算するにいたった国家のありようを示していると、これらの論者たちは考えたのでしょうか。残念ながら、彼らの主たる関心はフランク人の統治組織の「国家」性は所与の前提であり、法秩序の概念的再構成を主たる目的とする法史学においては、いま述べたような動的な過程の探究は、切迫した学問的関心にはなりにくいのはいたしかたないのかもしれません。

いわゆる一般史学と法史学との間に横たわるこうした認識面での亀裂は、いずれその架橋がなされるべき大きな課題ですが、本章は、いわば一般史の側から問題を手探りする一つの試みとして理解していただくなら幸いです。

メロヴィング王朝史の再評価

冒頭に指摘したように、メロヴィング王朝期の研究は新しい段階に入っています。それはとくに、古いメロヴィング時代像を決定的に規定していたトゥール司教グレゴリウスの『歴史十書』からの、歴史家の解放をことあるごとに力説したカール＝フェルディナンド・ヴェルナーの主張に沿って展開された、この重要な史書の脱構築と、いまだ確たる新しい像の定着にはいたっていないものの、そうした発想から生み出されたパズルの一片一片が構成するある輪郭として提示されています。すぐに想起されるのは、マルティン・ハインツェルマンが一九九四年に公刊し、二〇〇一年に英訳も出版された『トゥールのグレゴリウス（五三八〜五九四）』です。著者はこのグレゴリウスの史書を、グレゴリウスは現実の歴史としてのフランク史を叙述したのだとする、歴史家がこれまでやや安易に想定してきた見方を棄てて、それが聖書解釈学の思想による予徴論として、キリスト教徒の共同体としてのエクレシア（教会）の運命として描きだしたのだと、その叙述意図に迫りました。

こうしたいわばメタ『歴史十書』論は、実は英米の中世史家が先鞭をつけていて、オクスフォードのウォーレス・ヘイドリルは一九五一年に発表した論文「現代の研究から見たトゥールのグレゴリウスの業績」において、執筆意図を問題にしていますし、トロントのウァルター・ゴファートもまた、部族諸国家の年代記の研究のなかで、『歴史十書』を取り上げ、同じような論点を追究しています。それをさらに徹底させ、現在精力的に脱構築に取り組んでいるのは、イアン・ウッドです。その議論は、ほとんど自らを語ることがなかったグレゴリウスに関して、その性格と個性にまで迫る勢いですが、その結論は「グレゴリウスは六世紀の規範の信頼にたる案内人であるには、あまりにも個人的でありすぎた」、とするものでした。つまり、グレゴリウスの歴史叙述が帯びているロマネスクな色調は、あくまで彼の個人的利害と価値観がないまぜになって紡ぎ出した織物であって、必ずしもこの時代の規範を忠実に反映している見方ではないと結論づけます。そして、メロヴィング時代の政治秩序のみならず、この王朝を統治した諸王の統治能力と、そのもとでの国家の機能の強固なありようを高く評価することになります。こうした考えは、さらに若手のポール・フォーエイカーやマシュー・インネスらによっても共有されています。

たしかに旧来のメロヴィング王朝史への見方では、その政治秩序と規範構造の脆弱《ぜいじゃく》性にもかかわらず、なにゆえに二五〇年にもわたってこの政治体制が持続したのか、その秘密を誰ひとり説明することができませんでした。伝統的な「弱体論」がこうして克服されることにより、その必然性が納得されるわけですが、しかしこれでも十分ではないのはいうまでもありません。メロヴィング国家の自己維持のメカニズムが依然としてベールに包まれているからです。そうしたメカニズムの一つとして、王権の婚姻関係があるのではないかというのが、私の想定です。

初期の婚姻関係

王家の成員の婚姻関係がなぜ政治勢力たる王朝の自己維持と深く結びついているかについては、ここで詳しく述べる必要はなかろうと思います。簡単にいえば、王族の血統の拡散を統御し、血統のうえで正当性を具えた潜在的な競合勢力が王国内に誕生するのを予防することにより、王朝の政治体制存続を図るという点にあります。

さて、婚姻関係によってメロヴィング家の一員に加わった者を除いて、男女合わせて八五人のメロヴィング家のメンバーが知られています。男女の内訳でいえば、男性六三人、女性二二人ですが、このなかには性別がわかっているものの、名前が詳らかになっていない人物として男性四人、女性二人が含まれています。知られる限り、王として即位した者はすべて名前が判明していて、彼らは全部で三二人です。いわゆる女王なる存在は知られていません。ブルンヒルディスやフレディグンディス、バティルディスのように、夫の死後王である幼い息子の摂政として王国政治に深く関わった人々も存在していますが、正式に王の称号を帯びて、統治を実践した人物はいませんでした。女性の王位からの排除は、ゲルマン部族王権に一般的に認められる現象です。

参考資料の系図を参照してもらえればすぐにわかるように、クロタリウス二世から始まる一五〇年間については極めて簡素な内容となっています。いうまでもなく、それはこの期間について、六世紀のトゥール司教グレゴリウスに匹敵する歴史叙述家が、七〜八世紀には存在しなかったところによる記録の欠落に起因するところが多く、現実の王族はこれより数十パーセント多かったに違いありません。そもそもグレゴリウスのカバーした五九四年までに関してさえ、ウッドの最新の論考によれば、グレゴリウスにしてからが、現実に王国の分割相続に与らなかった成員は、王家の出自であっても言及しなかったとされています。

系図によれば、メロヴィング王家の婚姻関係は、クローヴィスの父キルデリクス一世から、クローヴィ

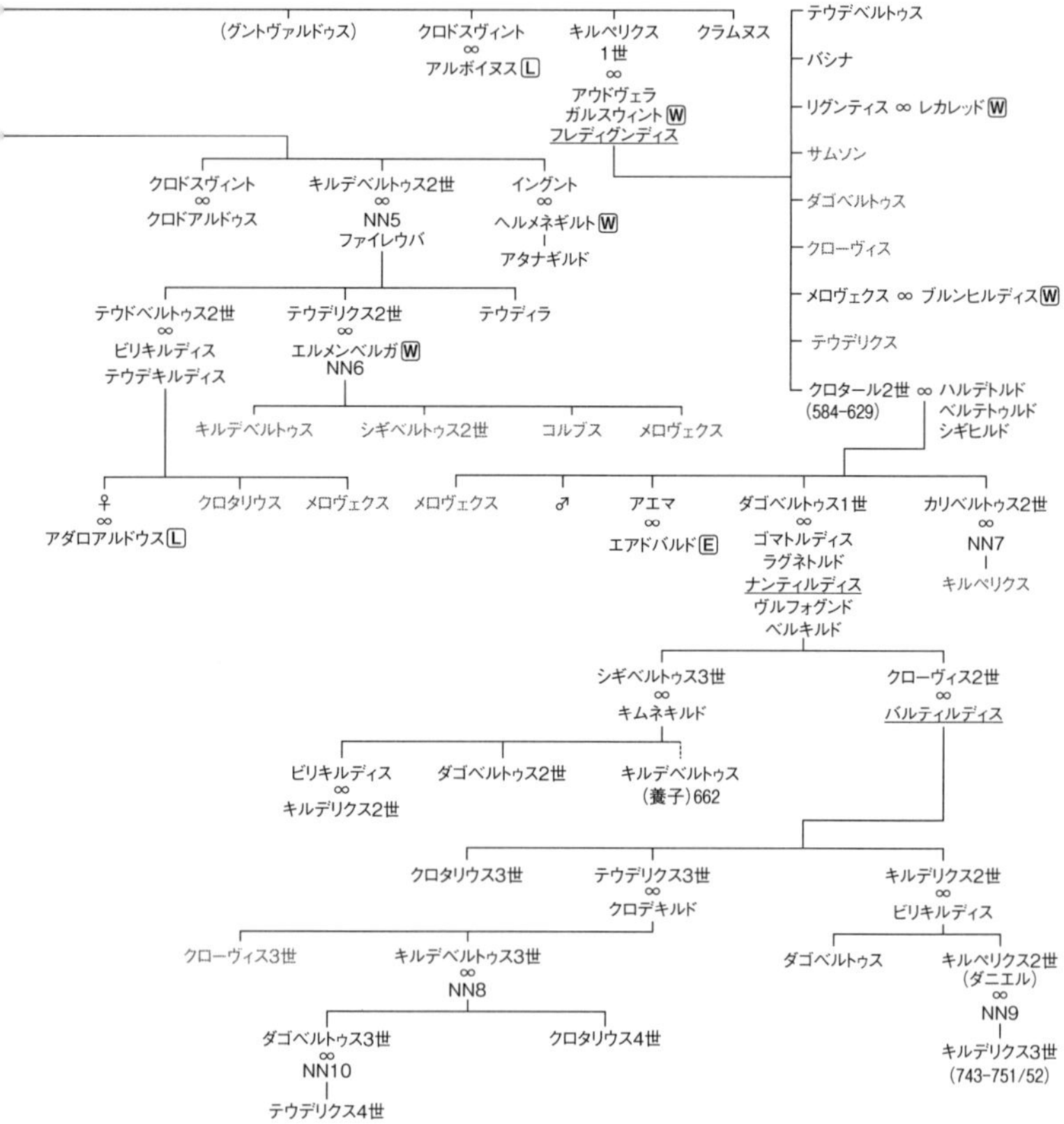
(グントヴァルドゥス)
クロドスヴィント ∞ アルボイヌス L
キルペリクス1世 ∞ アウドヴェラ ガルスウィント W フレディグンディス
クラムヌス
テウデベルトゥス
バシナ
リグンティス ∞ レカレッド W
サムソン
ダゴベルトゥス
クローヴィス
メロヴェクス ∞ ブルンヒルディス W
テウデリクス
クロタール2世 ∞ ハルデトルド ベルテトゥルド シギヒルド
(584-629)
クロドスヴィント ∞ クロドアルドゥス
キルデベルトゥス2世 ∞ NN5 ファイレウバ
イングント ∞ ヘルメネギルト W
アタナギルド
テウドベルトゥス2世 ∞ ビリキルディス テウデキルディス
テウデリクス2世 ∞ エルメンベルガ W NN6
テウディラ
キルデベルトゥス
シギベルトゥス2世
コルブス
メロヴェクス
♀ ∞ アダロアルドゥス L
クロタリウス
メロヴェクス
メロヴェクス
♂
アエマ ∞ エアドバルド E
ダゴベルトゥス1世 ∞ ゴマトルディス ラグネトルド ナンティルディス ヴルフォグンド ベルキルド
カリベルトゥス2世 ∞ NN7
キルペリクス
シギベルトゥス3世 ∞ キムネキルド
クローヴィス2世 ∞ バルティルディス
ビリキルディス ∞ キルデリクス2世
ダゴベルトゥス2世
キルデベルトゥス (養子)662
クロタリウス3世
テウデリクス3世 ∞ クロデキルド
キルデリクス2世 ∞ ビリキルディス
クローヴィス3世
キルデベルトゥス3世 ∞ NN8
ダゴベルトゥス
キルペリクス2世 (ダニエル) ∞ NN9
キルデリクス3世
(743-751/52)
ダゴベルトゥス3世 ∞ NN10
クロタリウス4世
テウデリクス4世

メロヴィング朝系図

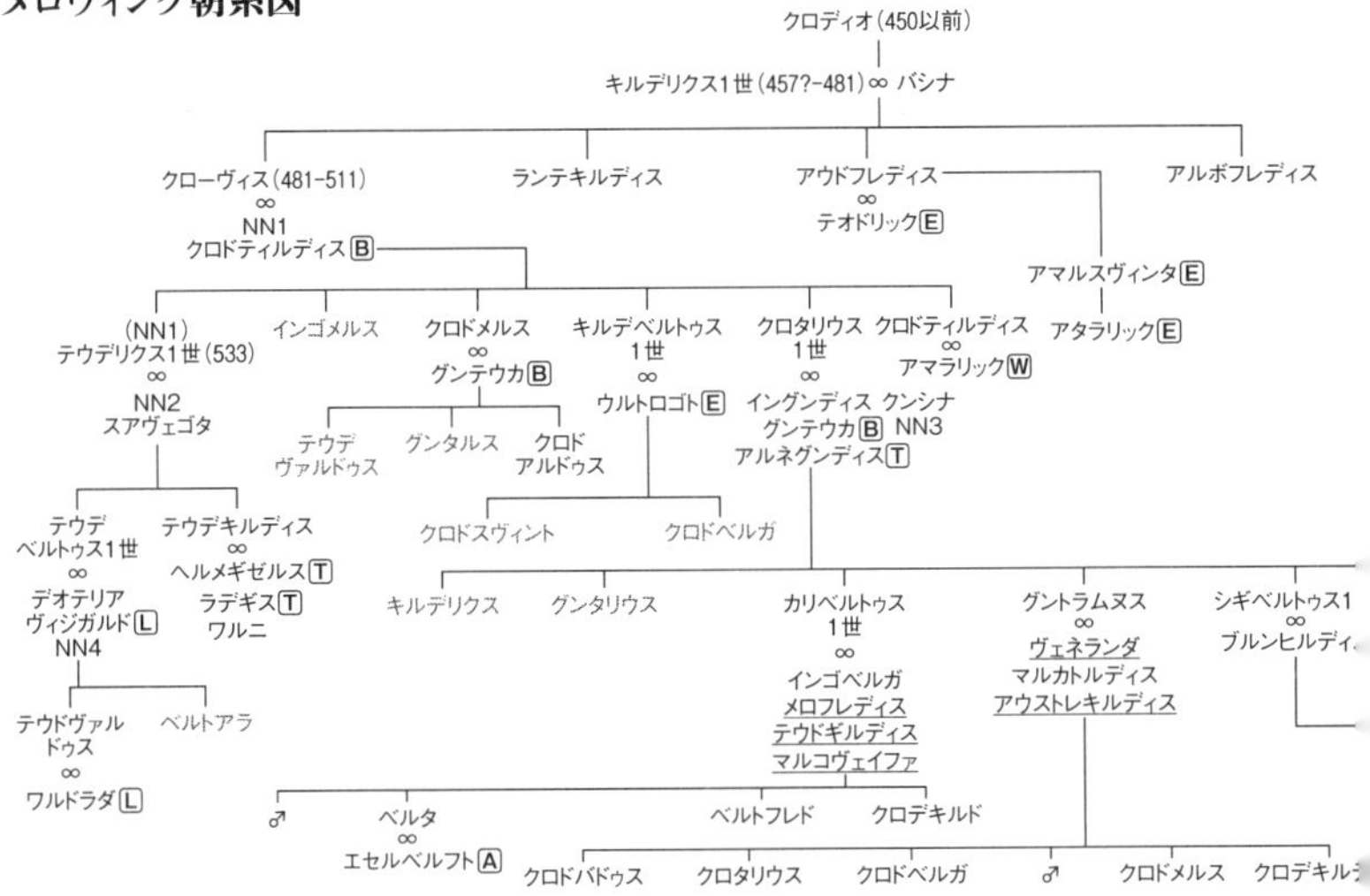

B	王族出身者	ブルグンド
E		東ゴート
T		テューリンゲン
L		ランゴバルド
W		西ゴート
A		アングロ・サクソン
メロヴェクス		早世者
ナンテイルド		下層あるいは奴隷出身者
NN X		国王配偶で名前不祥の女性 数字はこの系図のなかでの通し番号

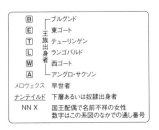

スの息子たちの世代までは、基本的に他の王国、具体的にいいますとテューリンゲン、ブルグンド、東ゴート王国の王族との縁組が排他的パターンであったとみてよいでしょう。この段階でのフランク王権の対外関心のあり方をよく示しています。テューリンゲンとブルグンドは、まもなくほかならぬフランクの支配のもとに併合されてしまうわけですが、むしろ領土的野心の対象であった異国に、一種の恒常的政治コミュニケーションの回路を開いておくために、姻戚関係を設定しておくという側面もあったと考えるべきでしょう。そうすることによって、他方ではフランク王国内の、換言すれば臣下である民の間への血統の流出という、誕生まもない王権の卓越化戦略にとって負の作用を及ぼす要因を排除することができます。グレゴリウスが語る名高いクローヴィスの晩年を血腥い暗い色調で染め上げた、自らの傍系親族の根絶という事件が、これまで認められてきたように、己れの直系一門にのみ王のカリスマを留保しようとした意思の表れであったとするならば、そうした配慮は当然です。

異国に配偶者を求める行動が、単に「族外婚」の実践として、「族内婚」を義務づけられていた人民との格差を表現する記号として機能するという人類学的な意味からだけではなく、「高貴なる血統」という観念もまた、こうした異国の王族との縁組選択に与って力がありました。『歴史十書』のなかでグレゴリウスは、クローヴィスの使者がブルグンド王キルペリクスの娘で、恵まれない境遇にあったクロティルディスをその出自を知らないままに、彼女の優美さと聡明さに印象づけられていたが、王族の一員であったのを知ると、ただちにクローヴィスに伝え、格好の結婚相手であることを知らせたエピソードを紹介しています。また、別の箇所では、東ゴートのテオドリック大王のもとに嫁いだクローヴィスの妹アウドフレディスは、大王の死後に娘が不品行の振舞いに及んだとき、娘をいさめて「これ以上高貴な出自を汚さない ne humiliaret diutius nobile genus」ようにと叱責したと伝えています。この場合「高貴な出自」という観念には、テオドリックが生を享けたアマル王族の栄光も考慮されていたでしょうが、アウドフレディス自身の出自たるフランク王家の血統が含意されていたことは疑いえないことです。クロタリウス一世にとって、テューリンゲン王女であったラデグンディスを、たとえ短期間であれ妻に迎えることは、王族の血統の光輝を一層輝かせる手段であったのです。

おそらく王家の高貴なる血統の観念が重きをなしたことのもっとも雄弁な事例は、クロタリウス一世が名前不詳の女性 NN3 との間にもうけたグントヴァルドゥスであろうと思われます。この人物は宮廷では養育されず、ケルン、ついでイタリアに赴き、ここで結婚したのちにコンスタンティノープルに渡り、おそらくアウストラシア勢力の了解のもとに、五八二年にマルセイユに上陸して、王位の簒奪を試みるが成功せず、非業の死を遂げました(五八五年)。彼が一時その野心を実現できるかと思えるほどに王国の有力者を動員できたのも、王の血統を引いているという事実によっていたからなのです。

「族外婚」から「族内婚」へ

ところでクローヴィスの孫、すなわちクロタリウス一世の息子の世代になると、事情は大きく変わります。二世代にわたって「高貴な」配偶者を提供してくれたテューリンゲン王国もブルグンド王国も、フランク王権自身が滅ぼし、また東ゴート王国はユスティニアヌス大帝の軍隊によって消滅させられました。五五二年を過ぎた時点で、王家の血筋をもつ配偶者を供給できる近隣の王国は、旧来のローマ的支配秩序のもとにある地政学的な空間の枠組のもとでは、唯一西ゴート王国しか残っていません。ランゴバルド人は程なくイタリアに侵入することになりますが、まだパンノニアにとどまっています。七世紀に入って密接な関係をもつことになるアングロ・サクソン・イングランドは、大西洋世界への視座の転換を果たしていないフランク王国にとっては、印象の薄い勢力でしかありません。

こうしたなかで第三世代の諸王は、五〇七年に祖父クローヴィスがスペインと南ガリアの一隅に追いやった西ゴートに目を向けるほかはありませんでした。クローヴィスの娘クロドティルディスがすでにアマラリクス二世の妻となるべく、ピレネーを越えていました。これはいわば両国の終戦協定の付録といっても過言ではない副次的な事態です。南の大国西ゴート王家との姻戚関係締結への消極的態度の背景にあるのは、ここでは依然として異端のアリウス派が王国の支配的教義であったという宗教上、というよりはむしろ教会政治上の要因といったほうが適切かもしれませんが、とにかくそうした事情があったと思われます。

こうした状況のなかで、パリ分王国のカリベルトゥスやオルレアン分王国のグントラムヌスは、族外婚の原則を棄て、フランク人の女性を配偶者として選ぶようになります。その際、彼らは決して有力者の子女を結婚相手にすることはなく、身分的に下層の、あるいは奴隷身分出身の者を妻としたのです。カリベルトゥスの妻となったメロフレディスは貧しい機織り職人の娘でした。テウドギルディスは羊飼いの娘、マルコヴィファはメロフレディスの妹でした。グントラムヌスの妻ヴェネランダは王の側近に仕える召使であり、同じくアウストレキルディスは、大公マグナカリウスの召使でした。兄弟たちのこうした行動に反発したランス分王国のシギベルトゥスは、西ゴート王アタナギルドの娘ブルンヒルディスを娶るという、王家の伝統に即した結婚をおこないます。弟のキルペリクス一世もブルンヒルディスの姉ガルスウィントを配偶者に迎えますが、彼女はまもなく謎の死を遂げます。グレゴリウスは、この死の背後に夫キルペリクスの意向が介在していたことをほのめかしています。そして興味深いのは、キルペリクスがそのあとに相手として選んだのが、ガルスウィントとの結婚以前から内縁関係にあった身分の低い出自のフレディグンディスであったことです。

下層の出自か、あるいはビリキルディス、バルティルディスのような奴隷出身の女性を王家の血統を存続させるための相手として選択するのが、その後数世代にわたってこの王朝の特徴的な婚姻戦略となります。たしかにときおりランゴバルド王権との縁組もみられるし、とくにカトリックに改宗した西ゴート王権が、主にフランク王女の嫁ぎ先として姿を現します。しかし婚姻関係のあり方としてこの時代の本質をなすのは、フランク王国内のエンドガミー(族内婚)であり、かつこの社会の下層の出自の女性を、体制の再生産の手段とした点にあると考えます。王朝の自己維持にとってのその利点はいうまでもなくこうした下層の出自集団の成員を配偶者として選ぶことによって、一般に王妃輩出母体が必然的に帯びるはずの威信の社会的効果を最小限度にとどめることができたからです。王権が族内婚を実践することにともなう政治的リスクを避ける、一つの戦略として機能したと思われます。正直のところ、以下の事実がどれほどの意識的選択の結果であったか確信をもてませんが、指摘しておきたいのは、このエンドガミー現象においいて配偶者の「出自集団」が広く拡散することがないように配慮された形跡があることです。クロタリウス一世の通婚相手となったイングンディスとアルネグンディス、カリベルトゥス一世のメロフレディスとマルコヴィファ、クロタリウス二世の相手であったシギキルディスと息子ダゴベルトゥス一世の最初の妻ゴマトルディスなどは、それぞれがすべて姉妹関係にありました。

それでは奴隷身分をも含む低い社会的出自の女性から生まれた息子が、王位に即くことへの社会的抵抗、血統のうえでの正当性への疑念はなかったのでしょうか。グントラムヌスの妻アウストレキルディスから生まれた息子について、ガップ司教サギッタリウスが呈した疑問に寄せてグレゴリウスは次のようなエピソードを紹介しています。サギッタリウスはいいます。「王の息子たちは王国を継ぐことはできない。なぜならば、彼らの母親は呼ばれて王の寝室に入ったとき、今は亡きマグナカリウスの召使の身分であったからだ」と。これに対してグレゴリウスは次のように独白するわけです。「彼は、王から生まれた者は、いまや女親の出自のいかんに関わりなく、すべて王の子と呼ばれていることを知らなかった」。グレゴリウスが解説する事態をどのように受け止めるべきでしょうか。ウッドは「グレゴリウスは六世紀の規範の信頼にたる案内人であるには、あまりにも個人的でありすぎた」と最近の論文で結論づけていますが、われわれは先の言明もさして根拠のないレトリックと考えるべきでしょうか。それともそれを現実の反映と理解し、王権が展開した婚姻システムの組替えの結果生じた、王位継承資格についての観念の根底的な変動の現れと解すべきでしょうか。私が提示したいと考える仮説は、後者に属します。

近隣の王族との婚姻関係が困難になった国際政治的環境の変化は、王だけでなく王女の通婚にもむろん影を落とすことになります。その端的な表れは、王女たちへの修道生活の強制です。詳しくは述べませんが、五八九年にポワティエのサント・クロワ女子修道院で勃発した尼僧たちの反乱は、グントラムヌスの娘クロディキルディスと、キルペリクスの娘バシナを首謀者として引き起こされました。このスキャンダラスな事件を詳細に検討したゲオルク・シャイベルライターは、王族たる彼女たちが修道女の衣を身にまといながら、どれほど世俗的な観念と身分意識のうちに生きていたか、その置かれた境遇と意識の落差が生み出す被抑圧感がいかに強かったかを明らかにしています。バシナの父キルペリクス一世は、一時彼女を修道院から出して西ゴート王レカレドのもとに嫁がせようとしましたが、院長のラデグンディスの反対にあって断念しているのです。この事実は、はしなくも王権にとって王女の修道院入りは、嫁ぎ先のない娘たちの待機所としての性格を帯びていたことをあらわにしています。王国内のしかるべき門閥に嫁がせることは、王が配偶者を王国内のしかるべき家柄から選ぶのと同じほど危険なことであったに違いありません。この世代で知られる限り唯一の例外は、シギベルトゥス一世の娘クロドスヴィントであり、彼女はヨナスの『聖コルンバヌス伝』(I・22)の記述において、ブルグンド貴族のクロドアルドゥスと結婚しています。その彼女も最初はランゴバルド王アウタリウスと、ついで西ゴート王レカレドと婚約したものの、理由は不明ですがいずれも結婚まではこぎつけないで終わっていました。両方とも弟のアウストラシア王キルデベルトゥス二世の思惑による政略が根底にあったので、おそらくこの例外的事態も、キルデベルトゥスのイニシアティヴによるものと推測されます。

王である夫に先立たれ寡婦となった王妃の処遇も微妙な問題をはらんでいます。メロヴィング王朝の分王国体制のもとでは、ある王が死歿したとき、その王国は残る兄弟たちがそれぞれ取り分を決めて自らのものとするわけですが、寡婦となった王妃に自由に再婚させるわけにはいきません。こうした場合、一番安易な方法は修道院に送り込むことですが、それが何かの事情でできない場合は、旧王国を継承した王が、その王妃を自らの妃の一人に加えるということがありました。かくして単独でフランク王国全体を統治することになったクロタリウス一世は、オルレアン分王国を治めた兄クロドメルスの寡婦グンテウカに加えて、甥の息子でランス分王国王テウデヴァルドゥスの寡婦で、ランゴバルド王女(まだパンノニア時代)出身のヴァルドラダをも自らの妻としました。のちにブルンヒルディスの例にみられるように(メロヴェクスとの結婚)、王族であった寡婦の統制は、ゆるがせにできない問題でした。

貴族門閥との縁組

ブルンヒルディスによって導かれたキルデベルトゥスの二人の息子と、キルペリクス一世の遺児クロタリウス二世の戦いは六世紀の掉尾を飾る激しいものでしたが、結局クロタリウスの勝利に終わり、六一四年の二四カ条からなる有名なパリ勅令を公布して、フランク王国全土の単独の王として君臨することになります。クロタリウス二世から、メロヴィング王朝最後の王となるキルデリクス三世まで、約一四〇年間の時間が流れるわけですが、この間に王家に生を享けた人々の数は、系図から見る限りまことに印象的なほど寂寥たる様相を呈しています。これはこの期間の歴史を伝える史料、とくに叙述史料の乏しさによる欠落であり、王位に即いた人物以外には、王家成員であってもその存在すら記録されることがなかった多くの人たちがいたに違いないのです。この期間についてグレゴリウスに匹敵する歴史記述者がいなかった事を恨めしく思うほかはありません。

そうした欠落を念頭に置いたうえで、この王朝の婚姻戦略の面で、新たな、第三のシステムを創出したことを想定しなければならないように思われます。それは、これまで実践してきたフランク王国内部での「血統管理」を実質的に放棄するという、画期的な選択をしたことです。つまりフランク人の、しかもかなり有力門閥との縁組をあえて選ぶようになりました。おそらく先にふれた内戦を戦い、その過程で自らを支持してくれた台頭しつつある貴族勢力との融和という配慮が、そうした選択を導いたものと推測されます。配偶者の名前や事績が知られているケースが少ないので、一般化するには慎重を要しますが、あえてこの点を指摘しておきたいと思います。しかし、当初それを逡巡しながら実践したらしいことは、できるだけ王の外戚の数が増えないように、心がけた形跡があるところからうかがえます。クロタリウス二世の三人目の妻シギキルディスとダゴベルトゥス一世の妻ゴマトルディスは姉妹関係にありました。その点では奴隷出身のバルティルディスとクローヴィス二世との結婚は、旧来の血統管理政策とは別の要因によると考えなければなりません。こうして近隣の王族との通婚が極端に減少しました。唯一知られているのはイングランドのケント王国との縁組です。異国の王家との婚姻関係の希少化のなかで、西の島嶼地域とフランク王国との結びつきの強化は注目すべき事柄です。王妃バルティルディスはアングロ・サクソン人奴隷出身者であった事実も想起されますし、のちにキルペリクス二世として復帰したダニエルが修道士として追放された先は、アイルランドでした。北海・大西洋ファクターが、七世紀後半から、八世紀にかけてのフランク王国の政治動向において、大きな意味をもつようになるのはご存じの通りです。

婚姻システムの破綻

血縁関係を本質とする王朝のような政治的・生物学的組織の存続にとって、配偶者の選定は、その選定がとりもなおさず新たな紐帯《ちゅうたい》の組織化という現実を不可避的に招来するがゆえに、根本的重要性をもっていました。今までみてきたように、メロヴィング諸王はこれを王国、あるいは王朝を取り巻く客観情勢の変化に応じて、異なるシステムを継起的に作動させることにより対応し、組織体としての自己維持を実現したといえるでしょう。何か一つの原理による画一的な対応ではなく、国際政治、国内政治を含めての環境世界の変化に即応する形で、システムを変化させながら生き延びてきたといえます。その点では、シャルルマーニュの死後、三世代もしないうちに政治的解体の道に踏み込んだカロリング王朝よりも、優れた自己維持能力を具えていたといえるかもしれません。

しかし、七世紀に入ると王権がもちえた婚姻戦略上の選択肢の幅は極めて限られたものとならざるをえません。例えば、フランク王国内の支配門閥との婚姻がもたらす潜在的な危険は、ダゴベルトゥスの妻ナンティルディスについての記述から明らかになるように思われます。『ダゴベルトゥス事績録 *Gesta Dagoberti*』第二六章は、彼女の兄弟が死去したおりのこととして次のように述べています。「この頃王妃ナンティルディスの兄弟ランデギセルスが逝去し、王の命令で聖ディオニシウスと諸聖人の教会に荘厳に埋葬された。兄弟の供養のために、先のランデギセルスが生前国王の命で与えられていたパリのパーグスにある所領アラテウム・ヴィラーレを聖ディオニシウスの教会に賦与してくれるようにとの王妃の懇願に応えて、寛大このうえない同王は文書を作成するように指示し……」と。外戚への恩恵の賦与は、こうして潜在的敵手を育てることになります。

いま一つシステムの破綻の例として、ネウストリア王キルデリクス二世と、アウストラシア王女ビリキルディスとの縁組があげられるでしょう。王朝内部のいとこ同士の結婚は前代未聞の事態です。オータン司教レウデガリウスがこの結婚を教会法に背くものとして糾弾し、複雑に絡み合う両勢力の政治利害関係のなかで、王と王妃の暗殺という事態に発展しました。

こうしてフランク王国の貴族門閥との通婚が通常のあり方となったとき、婚姻システムは、フランク王国の自己維持を支えるサブシステムとして機能しなくなり、その価値を失うことになります。メロヴィング王国はその終焉《しゅうえん》を迎えるまで、心理的にも政治的にも完全に内向きに終始することになります。カロリング朝のいわゆる「帝国貴族層」との通婚が一定期間システムとして機能したとすれば、それはメロヴィング朝とは異質な政治的・権力的布置状況のもとにおいてであったに違いありません。

コラム　トゥールの会計文書

史料の発見と分析

歴史研究の愉しみの一つは、新史料の発見でしょう。事が西暦千年より前の遠い時代となると、こうした発見は西洋では滅多にあるものではありません。何百何千という古文書学者や写本研究者や歴史家が、世界中の名だたる図書館や文書館で寝食の時間を惜しんで調査に没頭していますが、世間の耳目をそばだたせるような大発見をするような例は極めて稀です。

何年か前に、『神の国』の著者として有名な聖アウグスティヌスの新しい説教断片が見つかりましたが、それは研究者にとっては一大ニュースではあっても、世間の人々にはさしたる意味をもたない些細な出来事に終わるというような例もあります。説教の名手アウグスティヌスについて知られているおびただしい説教に、新しい一点、それも断片が加わっただけなのですから。

また、同じようなジャンルが知られていないまったく新種の発見史料でありながら、その残り方があまりに不完全なために、研究者の諦めの嘆息とともに脳裏の片隅に追いやられるような場合もあります。このたび名古屋大学出版会から私が上梓した『修道院と農民――会計文書から見た中世形成期ロワール地方』

でその分析を試みた会計文書は、おそらくこの部類に入るでしょう。

ロワールの城巡りといえば、パリを訪れる日本人観光客が選ぶオプショナルツアーの人気ナンバーワンといわれていますが、その美しい古城で有名な地方の中心に、トゥールという町があります。この町に、シャルルマーニュの時代(九世紀)に繁栄を極めたサン・マルタン修道院がありました。この時代の有力な修道院は、修道士が救済のための祈りを捧げ修行する聖なる組織であるのは勿論ですが、一方では国王や貴族や大土地所有者などから土地の寄進を受けて広大な領地を所有する大荘園領主でもありました。

会計文書断片が再現する世界

一九七五年にフランスの古書体学者ピエール・ガノーは、とある三一葉の獣皮紙断片に記された文字を解読し、写真つきで出版しました。文書の来歴調査から、これがトゥールのサン・マルタン修道院でつくられ、文字の書体からおおよそ七世紀終わりか、八世紀初頭のものと推定されました。文書には一定の地名グループごとに、人名と穀物の種類、その数量が記されていて、多くは横線で抹消の印がほどこされています。修道院が農民から穀物で賦課を徴収し、その徴収現場で使われた実務書類の一部であったものと思われます。

何しろ書物装丁用の材料にする目的で、用途にあわせて自由に裁断されて伝来したために、写真で見ても啞然とするほど断片的です。情報の完結性に神経質な欧米の歴史家たちは、総じてこうした現況に苛立ち、これを真正面から研究する意欲を失ってしまったようです。あるベルギー人女性経済史家は「あんなものは見つからないほうがよかった」と私に本音をもらしましたが、大方の中世史家たちの偽らざる思いであったに違いありません。

たしかに文書は断片的です。けれども仔細に検討すると、いくつかの土地についての記録は完結しており、地名も全体の約三分の一にあたる四〇ほどが現在地を地図のうえで特定できます。試みにコンピュータを利用して、一五〇〇人近い農民が納入した穀物データを整理し、その結果をカラーグラフにしてみると、小麦栽培の盛んな土地と、主に大麦、ライ麦が作付けされている地味の乏しい地帯といった、トゥール周辺の七世紀末の農業景観が驚くほど鮮やかに検出できました。このとき、当初パリの国立図書館写本室で、半日ためつすがめつ眺めながら、これという成算も浮かばなかった焦茶色のひからびた獣皮群が、一二〇〇年の時空を超えて、過去の世界を証言する証人たりうることを私は確信しました。

歴史史料の豊富な蓄積をもつヨーロッパでも、七世紀末についてこのような数量データをもたらす史料はほかに類がありません。しかも徴収実務の現場でラテン語の速記文字で、急ぎしたためられた「Xは前年までの未納分があることを拒否した」といったようなメモは、単なる事務的な記録であるだけに、作者の頭のなかで一度体裁を整えられた並みの歴史記述よりもはるかに歴史家の想像力を刺激する肉声の迫力を具えています。

こうした声に励まされるようにして、サン・マルタン修道院が領主となる歴史的道筋の解明とともに、とりわけ彼ら農民が生きた世界を探求し、再現するこの数年間の私の旅を、一応の終点まで続けることができたのではないかという気がしています。

一九九五年に日本学術振興会からの派遣で渡仏し、いくつかの大学で会計文書研究についての講演をする機会がありましたが、こうした形でフランス人研究者への積年の学恩の一端を返すことができたのは私にとって大きな喜びでした。

第五章　西欧中世初期国家における「フィスクス」とその変遷

中世初期国家の財政機構であるフィスクスの実体について、王家の私的・個人的財産と区別されたその公的性格、税の収取体制と配分についての有力仮説を紹介し、国家的賦課が七世紀後半に王権の統合作用のもとに変質していく過程を論じます。

西欧中世初期に関する学問の潮流

西暦が三千年紀に入る前後の時期から、欧米の中世史学界では古代から中世への歴史的移行を根底から問いなおそうという試みが顕著な動きとなっていることは、この分野に関心をもつ研究者にとっては先刻承知の事柄といえましょう。こうした新たな動きを触発し、加速させた要因の一つとして、ヨーロッパ科学財団（European Science Foundation）が一九九四年から四年間にわたって資金援助をした「ローマ帝国の変容」と題する研究プロジェクトの精力的な推進と、その矢継ぎ早の成果の出版が学界に与えた知的刺激を指摘することができます。こうした学界の動向とは別に、研究者が独自の問題意識をもって以前から着手していた研究が、この時期にたまたま完成しただけという場合もあるでしょうが、そうした事例においいても、学界の動向は最終段階において、いわばコンテクストとして作用したと考えるのは自然です。

そのような、ローマ帝国滅亡論を主題とした著作として、ピーター・ヘザーの『*The Fall of the Roman Empire. A New History*（ローマ帝国の没落——新しい歴史）』（二〇〇五年）やブライアン・ワード゠パーキンズの『*The Fall of Rome and the End of Civilization*（ローマの没落と文明の終焉《しゅうえん》）』（二〇〇五年）があげられ、また中世ヨーロッパ史の起源という観点からの著作としてマイクル・マッコーミックが二〇〇一年に刊行した『*Origins of the European Economy. Communications and Commerce AD. 300-900*（ヨーロッパ経済の起源——西暦三〇〇年から九〇〇年のコミュニケーションと商業）』や同じ年にドイツの中世史家エルンスト・ピッツが刊行した『*Die griechisch-römische Ökumene und die drei Kulturen des Mittelalters. Geschichte des mediterranen Weltteils zwischen Atlantik und Indischen Ozean, 270-812*（ギリシア・ローマ世界と中世の三文化——大西洋とインド洋に挟まれた地中海世界二七〇〜八一二年）』が想起されます。ワード゠パーキンズの著作を別にして、これらはいずれも大著ですが、そうしたなかで、その物的体裁の大きさもさることながら、その内容と議論の仕方の徹底性という点から私見では、アンリ・ピレンヌのいまや古典となっている『マホメットとシャルルマーニュ』刊行以来の衝撃力をもって出版されたのが、二〇〇五年秋に出たクリス・ウィッカムの『*Framing the Early Middle Ages. Europe and the Mediterranean, 400-800*（中世初期の枠組をつくること——ヨーロッパと地中海、四〇〇〜八〇〇年）』です。とくにウィッカムの著作は総頁数九九〇頁、本文八三〇頁から成り、考察対象を西はアイルランドから東はシリア、北はスウェーデンから南はエジプトまでの広大な空間に設定し、手法のうえでも構造史と比較史の発想や考古学的方法を体系的に結びつけた特筆すべき研究といえます。考古学的手法の面で、データとなる素材を陶器に限定し、穀物、ワイン、オリーヴ油という三つの基幹的な商品の動きを体系的に把握しようとする姿勢は、今後歴史家が考古学的データを利用するうえでの一つのモデルとなるべきアプローチと評価されます。この書物のなかで、著者は序論ともいうべき先に紹介した空間の叙述に続いて、約一〇〇頁にわたる独立の章として「国家の形態」を設け、五世紀から八世紀の国家について論じています。ここで、この浩瀚《こうかん》で画期的ともいえるこの著作全体を紹介する余裕がないので、本章と関連する限りで指摘しますと、ローマ帝国の支配領域においては、それぞれの地域における帝国の統治機構の解体過程——これは後継ゲルマン諸国家が帝国の政治・統治システムをどのように継承あるいは廃棄するかという問題です——と、当該地域の国家の形態は相互に不可分の関係にあると、ウィッカムは考えます。国家を考察する際、彼が最大の重要性を与えるのが租税収取の体制と機構の存否如何の問題です。租税はひとり租税の問題にとどまらず、後期古代の収取体制のもとでは、商品としての日常大量消費物資（穀物、ワイン、オリーヴ油）の移動や流通とリンクしているからです。流通の問題は最終の章で約一三〇頁を費やして論じていますが、それはさておき、著者によれば考察の対象として取り上げた地域のなかで、総体としてみるならば北ガリアがもっとも早く租税の体系的収取体制が崩れ、ほぼ七世紀頃に終焉を迎える。ただこの点ではガリアをひとしなみに扱うのは危険であり、例えばロワール川流域地方では、それは七一〇年代まで維持されたとしています。権力の解体過程で生まれる機構配置の空間的非斉一性、分節性は、これからポスト・ローマ期、初期中世の国家を考察しようとするとき、十分に留意しなければならない点でしょう。

ポスト・ローマ期ヨーロッパの歴史的展開を考察するうえで、国家を論ずることが重要であるという学界の共通した認識は、現在ウィーン学派のリード役と目されるヴァルター・ポールらが二〇〇六年に刊行した、『*Der frühmittelaltenliche Staat-euröpäische Perspektiven*（中世初期の国家——ヨーロッパからの展望）』と題する研究集会報告書にも見て取れます。

こうした学問潮流を踏まえ、通例「国庫」と訳され、国家機構の存在の指標とみなしうる「フィスクスfiscus（国庫）」の実体について、八世紀末までを時代的枠組として、原本の形で伝来している文書の所見を中心に検討を試みたいと思います。

「フィスクス」という言葉の意味

ローマ帝政後期の租税制度に関する浩瀚な研究書を著したロラン・デルメールによれば、フィスクスは、四世紀まで元老院の金庫である「アエラリウムaerarium」と対比して皇帝の金庫を指す言葉として使われたとされます。やがて、これは地方総督や財務官僚が管理する、一段下位の金庫を表現するためにも用いられるようになりました。ここで共通しているのは、元老院の金庫には属さないことと、都市の金庫には属さないという点です。つまり皇帝権力が掌握する中央政府への帰属という一点で他の金庫と区別されたのです。もともとフィスクスは皇帝の個人財産(res privata)と区別されていましたが、三世紀になるとその区別が消滅し、フィスクスは皇帝の個人財産も、公的な財産もともに指示する概念となりました。しかしこのことは、皇帝の個人の財貨と公の財貨との区別が実体上も消滅したことを、必ずしも意味しないのです。この点の論証は難しいところがありますが、あえてその区別の存在を主張するために、本章の議論の中心となるフランク王国に関する事実を紹介しましょう。

トゥール司教グレゴリウスはその『歴史十書』のある箇所で、ネウストリア王妃フレディグンディスが、娘リグンティスが西ゴート王国に輿入れするにあたって与えた財産の出所への、フランク戦士たちの疑義を解消するために、それが公の金庫(thesaurus publicus)からではなく、「proprietas mea(自分の個人財産)」から分与したものであると主張しています。この証言を疑う理由がないとすれば、六世紀後半のフランク王国では少なくとも最小限度、観念のうえで王や王族の財産が、公の金庫とは区別されていた事実を証明しているのです。

東ゴート王テオドリックは四九三年十月に、イタリアに覇権を樹立し、君臨していたオドアケルを倒して、支配者となりました。そしてローマの租税システムを維持したのですが、その金庫はあるパピルス文書の文言を引用するならば fiscus Gothorum(ゴート人の金庫)と称されたのです。史料には fiscus barbarorum(蛮人の金庫)という文言さえみられます。これらの事実は、細部はともかく大枠として後期帝国のフィスクス概念が後継部族国家に継承されたことを示しています。

原本が伝来しているフランク王国の文書のなかで、フィスクスに言及しているもっとも古いと推定される文書は、パピルス文書として伝来している有名なエルミントルデの遺言状です。そこには"sacratissimus fiscus percipeat"という表現が登場します。この文書は残念ながら欠損部分が大きく、年代決定が困難な文書ですが、これまで七〇〇年前後とされてきた年代比定は、最近の研究では五〇〇年代末から六〇〇年代初期ではないかとの新説が有力となっているのです。欠損が大きく、この文書のなかで用いられているフィスクス概念がどのような実体であるかを知ることは非常に困難です。しかし、「fiscus」に付されたsacratissimusという形容詞は、後期ローマ帝国の財政用語であったaerarium sacratissumumやsacrae largitionesなどのsacer（聖なる）の用法を想起させ、エルミントルデの遺言状に現れるフィスクスが、そうした系譜に連なる可能性を示唆しています。

七世紀後半に比定される「イッダの息子」とされる人物名義のパピルスの遺言状でも、フィスクスは“sacratissemo fisco”と表現されています。この文書で注目されるのは、フィスクスがなんらかの公的賦課徴収の機構およびその権利を示すだけでなく、機構に属する個別の財産をも具体的に表示する言葉として使われていることです。今しがた引いた“sacratissemo fisco”に、“uilla cognomenante Uuadreloci, sitam in pago Uelcassino, cum domebus. . .”という文章が続いていて、ここではフィスクスは特定のウィラを指示していると理解してよいでしょう。

さらに「イッダの息子」の遺言状にはもう一つフィスクスが言及されている箇所があります。それはこの遺言状に異議を差し挟んだ者への威嚇の文言です。その内容は神の法の冒瀆として、最後の審判のおりの厳しい処罰と、地上の法による罰金として、遺贈財産の倍額を、財産寄進を受けたパリ地方の教会と修道院とフィスクスに支払わなければならない、とする文言です。この場合のフィスクスは国家に所属する賦課徴収機構であるのは明らかです。“duplum tant(um), fisco cogent(e)”という文言で示されるcogentの主格形cogensは動詞co(a)gere（協働する）が実体詞化した用法で、当該地方でフィスクスと一体となって、その代理人として機能する人物を指していると推測されます。

そうしたフィスクスの代理人的存在は、むしろsociusあるいはsociansという言葉で表現されるのが一般的です。今みたように「イッダの息子」の遺言状には、この文書に異議を唱える者への威嚇と、処罰の規定がありましたが、法行為への信頼とその効果を安定たらしむるには、適法に作成され、正規の手続を経て認められた文書に対して、みだりに異論を差し挟むことがないようにしなければなりません。こうした関心から、王権は異論を提起した者に、科料を科す旨の文言を挿入させたのです。例えば、六七三年の日付を有するクロティルディスの寄進状には、この文書に異議を挟んだ者には、"socio fisco"に"auri libras uiginti, argenti pondo quinquagenta"の支払いが命ぜられています。この文言が意味するところは、「フィスクスの代理人に金二〇リブラ、あるいは銀五〇ポンドを支払うべし」という内容と理解すべきでしょう。aurumを金と解釈し、argentumを銀と解するならば、たしかに金二〇リブラと銀五〇ポンドのいずれかを選択して、支払うようにとの指示と解釈できます。ちなみに中世初期度量衡の権威ハラルド・ヴィットヘフトがいうように、金が一二オンス金であるとすると一リブラは三二七・四五グラムであり、同様の銀一ポンドは三二六・五九二グラムとなります。かりに金と銀が選択的に提示されているとすれば、両者は等価であると考えるのが妥当であり、その場合金と銀の価値比率は二・五対一ということになります。しかし、西ヨーロッパ中世初期史の常識では、その比率は一二対一であり、それとの懸隔が大きすぎるように思われます。この文書が作成された七世紀後半には、北海地方でのシャット貨の流通からも知られるように、フランク国家が極端に銀不足に苦しんでいたわけではありません。銀が希少であった八世紀ビザンティン帝国でさえ金銀の価値比率は七対一であったとされます。この問題はさしあたって未解決の問題としてこのまま残しておかなければならないでしょう。

ところで金銀の価値比率の如何を別にして、寄進、遺贈（遺言）、売買文書などに、これに異議を申し立てる者に対するフィスクスが科す科料が先述のような形式で記載されるのが、いわば一般的といえます。しかも金額は文書によって差異があり、決して定型化された単なる形式ではなく、当該文書が扱う財産の内容・価値を勘案して、そのつど独自に評価されて記載されたと考えるべきです。六九一年にパリのサン・ジェルマン＝ロセロワ修道院長ランベールと現在地不明のトゥキオンヴァル修道院長マグノアルドとの間でなされた土地交換の証書ではフィスクスの代理人（socius）に金〔　〕ウンキアを支払うよう命じています。このパピルス文書も伝来状態が良好でないために、数字部分が欠損して不明なのが残念です。しかしオンスを意味する「ウンキア」という言葉で表現されているのが、定型から離れた分だけリアリティを感じさせるのも確かです。

六九〇／六九一年のウアデミルスとエルカンベルタ夫妻の寄進状では、金一〇〇リブラ、銀二〇〇ポンドが、七一四年のアドによるランスのサン・レミ修道院への寄進状では金五リブラ、銀二〇ポンドが、七六二年のシギフリードが息子アルトマヌスに向けた贈与証書では、金三オンス、銀五ポンド（これは二〇対一の価値比率）が、七七六年にアダルハルトがサン・ドニ修道院におこなった寄進では金一リブラ、銀五ポンドが、七七七年の日付をもつ有名なサン・ドニ修道院長であったフルラドゥスが作成した遺言状では、金五〇リブラ、銀一〇〇ポンド、七九四年のテオドレダナのサン・ジェルマン・デ・プレ修道院への寄進状は金一〇リブラ、銀五〇ポンド（quinque ではなく quinquaginta と推定されます）、七九七年の伯テウダルドゥスのサン・ドニへの寄進状は金二リブラ、銀六ポンド、詳しい年代は不明ですが八世紀末と推定されるストラスブール司教ウイデゲルヌスがミュールバッハ修道院に宛てて発給した特権状については金三〇リブラ、銀五〇ポンドを、それぞれ科されると定めています。

興味深いのは、サン・ドニ修道院長フルラドゥスの遺言状は、原本と原本作成の直後につくられたと思われる写しを含めて、現在まで羊皮紙の文書が三点伝来していますが、このうち最後に作成されたと推定される七七七年五月以降のものには、科料金額に変動がみられることです。金五〇リブラ、銀一〇〇ポンドが、それぞれ金七〇リブラ、銀二〇〇ポンドと書き換えられているのです。それが何を意味するかは、ただちに答えることはできませんが、少なくともこれらの数字が現実とは無関係の、単なる書式上の名残りであったとは考えがたいのです。

ここでフィスクスの実体を少し別の角度から見ておきたいと思います。六九四年に発給されたキルデベルトゥス三世の「特権状 praeceptum」は、極めて興味深い内容です。それは彼がベリィ地方にある国王のウィラ・ナプシニアコを、パリのサン・ドニ修道院に寄進することをその内容としているのですが、二つの点で注目すべきです。まず、このウィラがもとはフィスクスの分から「貴顕の士 vir inluster」、つまり高級官職担当者のパニキウスに譲渡され、パニキウスの死後フィスクスに返還された土地であったという経緯の説明です。つまり、フィスクスからの土地財産の割譲は、条件が整えばまたそれがフィスクスに復帰する性格のものであったということです。フィスクスの土地財産は元来、国王による土地賦与の享受者とフィスクスの間を還流するのが正常な姿であり、必ずしもひとたび賦与をおこなえば、それが永遠に失われるとは限りませんでした。この点は重要です。六一七年のル・マン司教ベルトラムヌスの遺言状には、自らの死後恩顧を受けたクロタリウス二世と王妃ベルトゥルディスに返還すべき所領を律儀に指示していて、それはそのまま実行されたようです。

もう一点は、このウィラの譲渡が、サン・ドニ修道院がこれまで享受してきた年額二〇〇ソリドゥスの喜捨と灯明料としての「公庫 saccello publico」からの現金給付と、年一〇〇ソリドゥスのマルセイユの都市に駐屯する役人から給付を受ける権利を放棄することでした。もっともサン・ドニ側はマルセイユの倉庫からの給付にはよほど強い執着があったとみえて、七一六年には、この権利を復活してもらっています。そのことは措くとして、王権の財庫はこの七世紀末には定期的な現金給付、あるいは現物給付のための豊かなストックを最早もちえない状況に陥りつつあったのであろうと思われます。この論理を逆転するならば、少なくともこの時期まで、王権は各地のフィスクスの拠点に集積した賦課＝租税収入によって、サン・ドニやサン・ジェルマン・デ・プレなどの有力修道院を、現金および現物給付によって物質的に支援していたと考えられるのです。その代替措置として実施した所領賦与にあたって、国王がこれらの所領に公課を要求することを、くどいほど繰り返し禁ずる文言を文書に書き込んでいるのは、租税徴収の伝統の根深さの反映ともみえるのです。さらにいえば、六世紀にこの種の国王賦与の文書が稀にしかみられないのも、時間の経過のなかでの散逸、破壊というより、むしろこの種の文書を作成して権利確保をする必要のない給付体制のもとにあったためとも考えられるのです。その意味で、インムニテート特権(不輸不入権)の付与は、一種の財源移譲の意味合いがあったといえましょう。

国家の徴収権からの変化

フィスクスはこれまでみてきたように、例えばのちにしばしばいわれるような国家領的な実体に特化してはいませんでした。それは租税をはじめとする国家的な諸々の賦課を徴収する権利や、その機構を意味していたのです。そしてその徴収と、徴収された果実の管理は地域ごとにおこなわれ、地域の公租公課の管理を担ったのがフィスクスの代理人であるsocius, socians, cogensなどで表現される者たちであったと推測されるのです。徴収された果実は、基本的に当該地域において再配分されて、費消されました。国王や王族の成員はあらかじめ個別の権利を特定の領域に設定されていて、これはフィスクスの徴収とは別途実施されました。王妃フレディグンディスの証言や、トゥールのグレゴリウスの記述に登場する、国王のもとへの租税徴収の果実の運搬などは、こうしたあらかじめ国王に帰属する徴収分として集められたものだけと考えるべきでしょう。それ以外の賦課の果実は、地方のフィスクスに集められ使途に応じて適宜配分されたと考えるのが妥当と、現時点では考えています。こうした想定は、私が以前かなり批判的に評価したジャン・デュリアの構想に近いことを、認めなければなりません。

すでにみたようにサン・ドニ修道院はマルセイユにある「公庫 cellarium fisci」から、毎年一〇〇ソリドゥス分の輸入物資を受領する権利を与えられていましたし、コルビー修道院もマルセイユ近くのフォスでオリーヴ油や香辛料やパピルスを受領しました。いずれも現地に赴いての受領です。七一六年にキルペリクス二世がサン・ドニに与えた文書によれば、この修道院はル・マン地方で年一〇〇頭の牛を受領する権利を得たのですが、これをル・マン地方のフィスクスに赴いて実施することを求められたのは間違いありません。

しかし、八世紀に入ると、フィスクスの用語法に変化がみられるようになります。その変化の内実は簡単にいえば、フィスクス概念が個別の土地財産に固着する傾向が著しくなるということです。六九七年の日付をもつ二つの文書はその早期の事例です。キルデベルトゥス三世がアルジャントゥイユのノートルダム修道院に与えたCornioletumの森がフィスクスと表現されています。また同じ国王が発給させたある判決文で、Nocitoと称されるウィラがフィスクスの名前で呼ばれています。『*Chartae Latinae Antiquiores*(古ラテン証書集成)』に収録されている印影版の番号でいえば、五九三番(七一七年)、五九五番(七五一年)、五九六番(八世紀末)、六一二番(七七二年)、六一三番(七七四年)、六一四番(七七四~七七六年)、六二七番(七七二~七七六年)、六七五番(七六九年)、六八一番(七九四年)などがそうした事例です。

フィスクスの概念はたしかに完全に所領や土地財産に対物化したわけではなく、あいかわらず国家が賦課として要求しうる権利や、それを実施する機構を指し示すことをやめたわけではありませんでした。しかしいま列挙したような用法が時代を追って増加するのは顕著な事実です。その分水嶺となった時期は地方によって異なりますが、七世紀の七〇年代にアルザス地方で確認される事態を少し詳しく紹介したいと思います。

それを伝えるのは六七五年三月四日の日付をもつキルデリクス二世がコルマールのミュンスター修道院

に宛てた特権状です。この特権状の名宛人はアルザスの名門エティコーネンに属する大公アダルリクスと、北アルザス伯ロドベルトゥスです。それは以下のような内容です。

余が耳を傾けた僧の懇願を実現するのが、おそらく余の王国の安寧に通ずると余は信ずる。かくして、汝ら貴顕、勤勉の士はモニフェンシスハイムならびにオネハイムに住む余の臣民について、同人らがわがフィスクスの分として負っている賦課であれ、その他の公課であれすべてをミュンスター修道院院長ヴァレディウスに、余が全面的かつ完全な意思をもって譲与せしことを知悉すべし。かような目的のために、余は命令ずる。すなわち汝ら自身ならびに汝らの下僚そして汝らの後任者が、すでに余が述べた如く、二つのウィラに住む上記の者たちすべてが、同院長ヴァレディウスにすべての公課を完全に納入する義務を負うことを。

この特権状には、ミュンスター修道院が二つのウィラの住民に課した賦課の起源が国家的な租税、すなわちフィスクスの部分であることが極めて明瞭な事実として示されています。私は以前、トゥール地方に関して、サン・マルタン修道院の「会計文書」に記載されている賦課の起源を研究したことがあります。私の仮説は、それが国家的な賦課、すなわち租税収入の王権による修道院への賦与を起源としていたこと、そしていくつかの記述史料をもとに、それが六三〇年代のダゴベルトゥス一世の時代に起こったと推測しました。トゥール地方がアルザス地方と異なるのは、フィスクスの譲渡が個別修道院単位ではなく、司教区全体としておこなわれたと考えられることです。そしてそのうえに立って、六五四年頃司教からの自立特権の獲得と同時に、かつてフィスクスが収取した分を自らのものとすることができたのです。残念ながら、サン・マルタン修道院には、ミュンスター修道院に伝来したような記録は存在しません。それが作成されたのはほぼ確実ですが、今日まで伝来しませんでした。サン・マルタン修道院が歴史のなかで蒙った破壊を想起すれば、このことは容易に推測できることです。

冒頭で引いたウィッカムの近著は、後期ローマ帝国の残滓である租税システムの解体過程が、もっとも地域差が大きかったのがガリアであったと推測しています。地域差の問題は、単なるローカルカラーのレベルにはとどまらず、フランク国家の空間的多様性と構造的分節性をいかにして国家論に組み込んでいくかという、困難ではあるものの魅力的な課題です。ウィッカムは一見すると「ローマニタス」の色合いが取り立てて強くもないロワール川地方が、もっとも遅くまでローマ的租税システムが存続したとみているのですが、その理由については確たる結論を出していないように思えます。

構造的分節性を的確に取り込んだ、換言すれば、より歴史の実体に即した中世初期の国家論、ひいてはヨーロッパ中世国家の国家研究は、まだ始まったばかりです。

第六章　メロヴィング朝文書の刑罰条項とその意味

前章で論じた「フィスクス」の機能の一つである罰金徴収に関わるメロヴィング朝期の文書の所見から、文書でその権利が保護される主体への侵害行為が生じた際に、国庫と被害者の間での金または銀による徴収罰金の分配が、地方の法に従って確定される様相を明らかにします。

刑罰としての罰金についての問題提起

メロヴィング朝期の文書において、後続する時代に作成された文書におけるのと同じく、当該文書の内容に異議を差し挟んだ者に罰金を課すと威嚇する条項をかなり頻繁に目にします。アルトゥール・ジリィは、その有名な文書学の教本のなかで、それが文書の終末諸条項の一部であることを詳しく説明していきます。彼は威嚇条項という見出しのもとに、大部分の場合、文書の終末の一文にみられる二つの要素をまとめています。一つは「呪詛と破門」であり、もう一つは刑罰条項です。前者は霊的な制裁の喚起であるのに対して、後者は以前に確立したテクストの内容に異議を唱えた者への罰金刑です。

もっと最近になって、ジリィの教本で時代遅れになった部分を更新する目的で新しい教本を出版したものの、オリヴィエ・ギヨジャナンを筆頭に三人の能力ある専門家の解説は、しかしながら刑罰条項について、開拓者ジリィのたどった行路にとどまっているのです。実例として、その教本は九七四年の土地の交換文書のなかの一節を引用しています。それは以下のような文章です。「もし何人であれこの合意を破るか否認しようとしたとしても、その者は自らが求めたことを主張しえず、かつ裁判権力により金三ポンドの支払いを命ぜられるべし」。そして、教本はこの条項は古代にまで遡ると指摘しているのです。まさしくこのような教本の言葉通り、われわれは大多数が私文書である数多くの証書がこの種の条項を含んでいて、それは一八四三〜四九年にジャン・マリ・パルドッスュにより出版された古い文書集成のなかの一三九点に、またメロヴィング朝書式集などに見て取ることができます。

文書の刑罰条項に関するこのような多数の事例全体を目の当たりにしながら、この刑罰条項が想定する罰金刑がそのなかに位置づけられる制度的でもあれば同時に政治・国家的でもあるコンテクストは、まだ十分に解明されたとはいえません。この条項がメロヴィング国家構成のうちもっとも闇に包まれた部分であり、違反者から支払われる罰金を受領する重要な部門としての国庫(フィスクス)の機能を明示的に語っているだけに、なおのこと興味深いものがあるのです。中世初期の国庫というこの漠然とした実体について、テクスト布置の総体を通して具体的なイメージをわずかでも捉えたいと思っています。

六世紀末の文書にみる刑罰条項

最初に先のパルドッスュの文書集成のなかで、刑罰条項を具えたもっとも古い文書は六世紀の七〇年代のものであり、そして写しの形で伝来している非常に古い写本の場合にしばしば生じたように、それらは大なり小なり後代の著しい改変を受けた可能性があることを指摘しておかなければなりません。それというのも文書を作成するのに用いられた書式は、それが改変を受けていない真正な文書であるとするには、しばしばあまりに独特で、不安定であるからです。私の考えによれば、それゆえわれわれの議論をなんらかの文書そのものからではなく、むしろ年代確定や真正性の調査が深められている、最古の書式集成から着手するのが賢明と思われます。それはウェルナー・ベルクマンによればその大部分が六世紀の末、すなわちわれわれがパルドッスュの文書集成に関して引き合いに出したばかりの文書と、ほぼ並行する年代に編纂された『アンジェー書式集』です。

それは四つの書式です。すなわち有償での自己委譲(一九番)、不動産譲渡(三七番)、遺言状(四一番)、譲渡文書(五四番)がそれです。これら四つの書式とも刑罰条項を具えていて、そこで用いられている用語は互いにまったく同一ではないとしても、極めて大きな照応関係を示しており、後期古代の法的特徴を具えています。以下に第一九番の刑罰条項を引用することにします。

Et si quis vero, aut ego ipsi aut aliqus de propinquis meis vel qualibet extranea persona qui contra hanc vindicionem, quem ego bona volontate fieri ragavi, agere conaverit, inferit inter tibi et fisco, soledus tantus coactus exsolvat, . . .

翻訳すると次のようになります。

もし何人であれ、それが私自身であれ、わが親族の誰かであれ、あるいは親族外の者であれ、私が善良なる意思をもって作成を願い出たこの売却文書に対して異議を唱えんとした者は、汝ならびに国庫に対して、国庫が納入を命ずるXソリドゥスを支払うべし……

われわれの関心からして重要なのは、この刑罰条項がすべての違反者に対して罰金支払いを科していることであり、それは文書行為の受益者の分だけでなく、国庫の取り分としても支払えとしていることです。たしかに「inferit inter tibi et fisco, soledus tantus coactus exsolvat」の文章を、一義的に、明証性をもって解釈するのは困難であると認めなければなりません。行為主体は単独で指示された全額を受領したのでしょうか。それとも国庫もまた同額の罰金を受領したのでしょうか。行為主体と国庫が罰金額として指定されているものを分け合ったとすれば、どのような割合で分割したのでしょうか。このような重要な疑問に答えるためには、七～八世紀のフランク王国の文書に数多くみられる別のタイプの刑罰条項に尋ねることが必要です。

私はここで七世紀後半につくられた文書を引用することにします。その文書とは、六七三年の日付をもったエッソンヌのブリィエール・ル・シャテルにある女子修道院へのクロドティルディスの寄進文書です。この文書は原本の形で保存されていて、そのことから後代の字句の挿入や偽造の危険性を全面的にまぬがれており、有効な分析を保証してくれています。この文書の二八行目が刑罰条項であり、次のように始まっています。

Si quis vero, quod futurum esse non credo, si ego ipsa aut alequi de heredebus uel proheredebus meis uel quislibet oposeta persona contra presentem deliberacionem unire conauerit, iram sancti

Trinetatis incurrat et a lemenebus sanctarum aeclisiarum excomunis appariât, et insuper inférât socio fisco auri libéras uiginti, argenti pondo quinquagenta, et nec sic ualiat uendecare quod repetit.

日本語訳は以下のようになりましょう。

未来に何が起こるか予測できないように、私自身、あるいは私の相続人、あるいは私の相続人の相続人、あるいは誰であれ、もし何人かが、あえて本決定に異議を唱えんとしたならば、その者は聖なる三位一体の怒りをかい、聖なる一切の教会の敷居から斥けられ、さらにそのうえ、国庫の強制により金二〇リブラ、銀五〇ポンドを支払うべし。かくのごとき請求に対して、なんら復讐に及ばざること。

ご覧の通り、この刑罰条項はこの種の文書カテゴリーのステレオタイプからやや逸脱しています。この条項の真中に「その者は聖なる三位一体の怒りをかい、聖なる一切の教会の敷居から斥けられ」るという一文が挿入されていることに気づかれるでしょう。クロドティルディスの文書において、刑罰条項は「呪詛と破門」の条項と結びつけられていますが、そうしたことは文書がその効力を永続化するために私文書の場合しばしばみられることです。

寄進状での罰金の受領先

メロヴィング朝期の文書における刑罰条項の問題、とくにその意味、国庫の機能の問題の探究を再開する前に、一〇〇〇年も前に開拓者ジリィがその貴重な文書学の教本で唱えた古い理論から、われわれは解放されなければなりません。ジリィは文書における刑罰条項の書式は、十二世紀にそれが完全に消滅する以前から、久しく実体のともなわない空文であり、効力のない凝固した条項であることを強調しています。私がみるところ、ドイツの中世史家ハラルド・ジームスもフランク時代の書式集の総括のなかで、ジリィと見解を共有しているように思われます。それにもかかわらず、私はこの機会にメロヴィング朝の文書における刑罰条項が有効であったこと、実体を反映した条項であったことの理由を示すことができると考えています。

この問題に対するわれわれの立場を確認して、私は再び先に取り上げたクロドティルディスの寄進文書に立ち返りたいと思います。この文書の刑罰条項に、以下のように違反者が求められている罰金額の提示があります。すなわち「国庫の強制により金二〇リブラ、銀五〇ポンドを支払うべし」、という一節です。ところで、この謎めいた一節を解釈するには、主要な問題として以下の二点を考えるのがよいと思うのです。第一は罰金の受領は誰が主導するのかという点。第二の点は、金で示された数字と銀で示された数字の、二重の数字をどのように解釈するかの問題です。以下しばらくこの二つの問いについて考えましょう。

罰金の受領のイニシアティヴに関しては、この種の証書の作成の論理によれば、証書の主体が罰金額の受領の権利を有していると考えるのが自然です。それにもかかわらず、クロドティルディスの文書の刑罰条項には、この罰金の受領の資格をもつ者が誰であるかの指示が明示されていません。その受領に関して、わずかに引用文の少しあとの箇所が「socio fisco 国庫代理人に」の二語で、罰金の徴収手続に言及しているだけです。これとの関連で想起されなければならないのは、『アンジェー書式集』では文書の性格が異なるにもかかわらず、すべての刑罰条項に賠償金を受け取る資格の持主が明示されていることです。『アンジェー書式集』のすでにあげた四つの書式から問題となる章句だけを引用しましょう。すなわち「inferit inter tibi et fisco soledus tanntus 汝と国庫の間で分配されるべくXソリドゥスを提供すべし」(一九番)、「soledus tantus tibi sociante fisco conponat Xソリドゥスを国庫代理人と、汝に対して用意すべし」(三七番)、「inferit inter vobis et sociante fisco 汝と国庫代理人の間で分配されるべく提供すべし」(四一番)、「inférit inter tibi et fisco, soledus tantus 汝と国庫の間で分配されるべくXソリドゥス」(五四番)。

さて、七~八世紀に作成された多くの文書は、罰金支払いの行く先を明示していません。クロドティルディスの寄進状も例外ではありません。私はそれについて、原本で伝来している文書のうちに確認できる事例だけを紹介することにします。すなわち、「sed inférât. . una cum socio fisco だが国庫代理人に……提供すべし」、「inférât socio fisco 国庫代理人に提供すべし」「una cum socio fisco 国庫代理人に」「una cum socio fi(sco) 国庫代理人に」、「et sociante fisco 国庫代理人に」「inférât una cum sociante fisco国庫代理人に提供すべし」等々です。

文書において、罰金の受領の正当な資格の持主である私人が現れる事例についての情報を示さないのは、誠実とはいえないでしょう。それは以下のような事例です。「int(er) te et sociu(m) fisco汝と国庫代理人との間で配分されるべく」「uel ad partibus uestr(i)s, una cu(m) distringenre fisco 汝のものとして、国庫代理人のもとに」「monachis ibidem habitantes cu(m) sociante fisco そこに住む修道士たちと国庫代理人のもとに」「inferat vobis una cum sociente fisco 汝と代理人に国庫が提供するように」などです。

要するに明らかなことは、メロヴィング朝期、そしてカロリング朝期の文書の刑罰条項においても、規則に違反した者に対して科される罰金の徴収において国庫の行政が優位にあったということです。そしてこれはまったく理にかなったことでした。なぜなら罰金の徴収が強制的であった限り、公的な機構がそこに介在することが絶対に不可欠だからです。単なる私人では、違反者に罰金を支払うよう強制する手段をもたないからです。ひとたび支払うべき金額が国庫に納められたのち、どのようにして文書の名義人に帰属する分と、国庫の分とが分割されたのでしょうか。『アンジェー書式集』では、それぞれの取り分が明確に指示されていました。しかしながら、その後の時代の文書には、国庫に支払うべき総額が言及されるだけで、文書の名義人とフランク国家の国制の一般原則によるならば、支払われた総額の一部を収入として徴収する権利をもつ国家の間での分割について一切語っていないのです。国庫が殺人事件のおりに加害者から支払われた贖罪金の場合におこなったように、国庫が総額の三分の一を自らのもとに留保したというのはおおいに可能性があります。

金銀比率における問題

私はここでいま一度根本問題を繰り返すことにします。中世初期の文書に見える刑罰条項は、死文、偽りの語句だったのでしょうか。先に言及した第二の設問、すなわち金と銀による二つの数字表現は、この問いかけに直接結びついています。

刑罰条項において、大部分の場合罰金額が金と銀の双方で定められていることを想い起こしてみましょう。この金銀による二重の罰金額規定は何を意味しているのでしょうか。違反者に金による支払いと、銀による支払いの二重の支払いを求めているのでしょうか。しかしながら、いくつかの例を除いて関連する所見の絶対多数は、二つの数字を接続する語句を欠いています。合理的なのは、その数字が、金で支払うならばいくら、銀で支払うならばいくらといった、選択的な支払い額を示していると考えることです。クロドティルディスの文書を例にとりましょう。「inferat socio fisco auri liber(as) uiginti, argenti pond(o) quinquagenta」という一行は、「国庫代理人に金二〇リブラ、または銀五〇ポンド支払うべし」と訳してよいでしょう。この点について精査したメロヴィング朝期の一三九点の文書を通して、金と銀の量を示す数字は、おそらく争われている財産の額がありきたりであるがゆえに、ある種の数字に傾くようにみえることはあるものの、同じであるとはとてもいえません。もし選択的支払いであるとするならば、それぞれの罰金額規定において、一対の数字は同じ内在的価値を示していることになります。金と銀のいずれを選択してもよいというのは、価値としては双方とも同一であるというのが前提であるからです。

この仮説を検証するために、度量衡の分野の作業に乗り出すのは賢明とはいえないかもしれません。とくに中世初期の重量や寸法の問題は、処理がデリケートで高度に仮構的であり、作業結果においても不確かさがつきまといます。そうではありますが、私は束の間の冒険を試みたいと思います。

クロドティルディスの文書でみたように、われわれは金による計量単位はリブラであり、銀のそれはポンドであることを確認できます。たしかにいくつかの例外的な事例があり、そこでは計量単位がウンキア、すなわちオンス単位となっています。中世度量衡史の優れた専門家であるハラルド・ヴィットヘフトによれば、度量衡システムは、西洋では古代から中世初期にかけて断絶なしに連続していたことを確認できます。古代ローマの度量衡についての一連の知見を検討し、カロリング朝期の関連勅令とフランク時代の重量相関表の操作を分析して、彼はこの時代の金一リブラは二〇ソリドゥスに対応し、その重量価はメートル法で表記すると九〇・九五八三グラムであったという仮説を提示しています。他方銀の一重量ポンドは五四五・七五グラムであったとしています。これは八八二年のヴァイキングに対してカール肥満王が支払った貢納銀についての『フルダ修道院年代記』の記述から割り出された数字です。この数字を先のクロドティルディスの文書の刑罰条項に適用してみましょう。金二〇リブラは一八一九・一六六グラムとなります。これに対して、銀五〇ポンドは二七二八七・五グラムとなります。つまり金一・八二キログラムは、銀二七・二九キログラムと等価ということになります。この場合、金と銀の価値比率は金が一五に対して、銀は一ということになります。

ところでもう一人の古銭学の専門家ピーター・スパッフォードは、中世西洋の貨幣史についての素晴らしい書物のなかで、八六二年のシャルル禿頭王の時代に金と銀の価値比率は一二対一であると述べています。他方ヴィットヘフトはこの金銀比率を、時価変動を含めて一八〜一二対一という数字を提案しています。クロドティルディスの文書にみられる数字は、中世初期に関して確認される相関表での金銀価値比率と完全に対応しているのです。いくつかの事例として、オリジナルで伝来している文書での一連の金銀の価値比率を計算したいと思います。オリジナル文書に限定したのは、後代の改竄の危険を避けるためです。

六九〇／六九一年の日付をもつ北フランスのウアデミルスとその妻の寄進文書では一二対一です。年代比定が八〜九世紀とされる同名のウアデミルスのプレカリア文書も一二対一。七七七年のサン・ドニ修道院長フルラドゥスの遺言状も一二対一です。同じフルラドゥスの七七七年以後のものと推定される別の遺言状では、一七・一対一、七九七年の北フランスの伯テウダルドゥス寄進文書では一八対一、八世紀末のストラスブール司教ウイデゲルヌスの特権状では一〇対一です。

文書によって金銀の価値比率が一八〜一〇対一の間で変動しているのは確かです。この関係の理論上の標準値が一二対一であると仮定しましょう。この場合、現在まで伝来しているオリジナル文書からわれわれが示した数字は、理論値から五〇%幅の増減を示していることになります。この値はかなり信頼のおけるものであり、これらの文書が作成されたとき、そのつど公権力あるいは国庫役人の立ち会いのもとに、当該財産の価値に比例した罰金額の算定がなされたものと推測されるのです。これまで繰り返し引き合いに出してきたクロドティルディスの文書では、クローヴィス二世の宮廷の有力者、すなわちドメスティクス（国庫管理の責任者）のエルメンリクス、宮廷伯ウァニングスそして宮宰ギスレマルスが立ち会っています。

ところで、この短い報告から結論を引き出す前に、いましばらく罰金の受領に関して国庫が置かれた立場について考えてみましょう。

地方法による罰金額の確定

私がここで想い起こすのは、かつてジャン・デュリアがメロヴィング朝の行政、とくに国庫役人に関して、なぜあれほど稀にしかわれわれが彼らを史料で目にしないか、その理由について提起した仮説です。彼は次のように述べました。すなわち、メロヴィング朝のシステムは最少人数の行政役人しか必要としないものであった。なぜなら、大部分の国家業務は関係する都市当局に委ねられており、租税や罰金の徴収に関して、国庫の受領の果実は国王宮廷に運ばれることなく、現地で支出されたり、消費されたりしたからであるとしています。六九四年の告示のなかで、キルデベルトゥス三世はサン・ドニ修道院に一つの所領を寄進していますが、この寄進はサン・ドニ修道院が灯明料として国庫から毎年得ていた現金受領の権利を放棄することの代償なのでした。この文書において、公の金庫は「sacellus publicus」、すなわち「公庫」と表現されています。おのおのの行政領域ごとに公金の受領のためにこの種の公庫が存在したと推測されます。サン・ドニ修道院は、告示により国王が承認した二〇〇ソリドゥスを毎年パリの公庫から受領していたものと思われます。

罰金額の確定の主体をめぐる問題に関しては、非常に興味深い証言があります。それは強盗の被害者が国王法廷に訴えを起こした事件に関して、加害者に下された「最終判決」の書式です。国王法廷への告訴を受けて、宮廷伯は被疑者に対して国王法廷への出頭を命じたのですが、被疑者は出頭せず、これに対して原告は三日間国王法廷に出頭していました。こうして被告人は敗訴し、原告は勝訴しました。そしてこの文書は以下のように結びます。「われらは以下のごとく命ずる。すなわち本件に該当する汝らの地方の法が教えるところに従い、汝らの強制をもって、前述の某(被告)にその賠償金を確定し、その支払いを拒否せざるようすべし」。われわれの問題関心に照らして非常に興味深いのは、国王法廷が被告の支払うべき罰金を細かく決定する代わりに、この犯罪が起こった場所の担当役人に指示を与え、その地方の法に従って賠償額を決定するよう求めていることです。私はメロヴィング朝の文書の刑罰条項においてみられる罰金額の確定もまた同様であったのだと思います。なぜならばその確定は「最終判決」書式が強調しているように、「地方法」と切り離しがたく結びついていたからなのです。

以上の検討から、遅くともメロヴィング朝においては、一三九点文書に見られる「刑罰条項」は、古くはジリィ、近年ではこの分野の第一人者であるギヨジャナンが共通して指摘している、実質をもたない単なる空文的書式であったとする主張とは異なり、私はそれが内実をともなった条項であり、このことは金銀比率の妥当性によっても傍証されると考えます。

第七章　西ゴート期スレート文書の歴史的コンテクスト

スペインの西ゴート時代(六世紀から八世紀初め)に作成され地中から発見された粘板岩、いわゆるスレートに刻まれた文書は、記録の支持素材として西ゴート期スペインに独特なものです。同時代の西ゴート王国の文書の完全な欠如という異様な事態を踏まえながら、初歩的な考察を試みました。

埋蔵文字資料としてのスレート文書

私が研究対象に設定した西ゴート王国のスレート文書は、極めて特異な文書です。「スレート」の地質学的な正確な呼び名は粘板岩と称し、泥岩あるいは頁岩《けつがん》が地殻の変成作用を受けて剥離性が発達した岩石であるとされています。熟練した石工にかかれば薄片として規則的な剥離が可能であり、屋根葺き用の材料としてヨーロッパでは今日でも広く用いられている素材です。また表面の凹凸を滑らかにした書板は、物資が不足していた時代に白墨を鉛筆代わりにして、書き取りや計算の学習に使用したことが想起されます。

このスレートに文字を線刻した文書が、あるまとまった数で残されているのがスペインです。ここでは、この種の文書が地中からの発掘物として見つかるのが通例であり、史料学的には同様に土中から発見され

図4　スレート文書関連地図
（イベリア半島）

図5　サラマンカ地方出土のスレート文書

出典：*Documentos de época visigoda, esdritos en pizarra (Siglos VI–VIII)*, t. II, no. 5, publicados por Isabel Verlázquez Sriano *(Monumenta Paleographica Medii Aevi)*, Brepols, 2001, p. 73.

るわが国の木簡や、中国の竹簡と類似の埋蔵文字資料に属しています。ときおり墓地のなかから、当初から埋納を意図してつくられた墓碑が見つかることがあります。しかしスレート文書は基本的に木簡や竹簡と同じく、その多くはおそらくはじめから埋納を意図していたものではなかったものと思われますが、この点については現段階では、判断を留保しておかなければなりません。

スレート文書の特徴

西ゴート期のスレート文書については、二〇世紀の初頭から、とくに一部の歴史家や言語学者の関心を惹いていましたが、本格的な歴史研究の対象となり、テクストの翻刻や写真版の出版が本格化したのは一九六〇年代に入ってからです。二〇〇〇年にジャン・ヴザンとハルトムート・アツマが共同で開始した『中世書体学集成 *Monumenta Paleographica Medii Aevi*』(以後『集成』と略称する)の一部として、イザベル・ベラスケス・ソリアーノの手により、これまで部分的に公刊されてきたスペイン、ポルトガル北部で発見されているスレート文書が、写真版とトランスクリプションを付して二冊本として出版されました。この刊行後も発見は続いており、いずれ補遺が必要となるでしょうが、ともかくこの二冊の刊本によって西ゴート期スレート文書の存在が広く知られることになったその学術的意義は大きいものがあります。

多くのスレート文書は地中からの出土ということもあり、大小さまざまの断片状をなしており、テクストが完全のものはほとんど存在しないといっても言い過ぎではありません。加えて、羊皮紙の場合であれば一応定形的なフォーマットを想定できますが、スレート文書の場合はテクストを刻む以前の状態において、多種多様な不定形が一般的であったらしいことが、伝来している文書の状態から推測されます。『集成』には二〇〇〇年の刊行時点まで集められ、整理された一五三点が収録されています。その大部分は六世紀から八世紀にかけての作成になると考えられています。文書の内容は聖書の一部の引用といった宗教テクスト、カトーのディスティカ(二行詩)のような古典作品、学校での教本の練習書き、厳密な意味で墓碑銘とは異なるものの、遺体と一緒に埋葬されたとおぼしき葬送儀礼のテクスト、貢租や家畜通行税支払いなどの計算書、財産目録などの管理テクスト、土地の売買・交換や裁判での宣誓などの法テクストなど、極めて多岐にわたっています。書体学的にみて、テクストはラテン語世界で石を支持素材とする場合に用いられる大文字のルスティカ書体ではなく、すべて小文字の草書体で記録されています。西欧における文字記録に関する文化的パラダイムを想定したとき、この書体上の特徴は文字の視覚的示差性と深く関連していると思われ、これらのテクストの機能を考えるうえで興味深いものがありますが、ここではこれ以上の考察はしません。

スレート文書の出土分布についても、簡単に概観しておかなければなりません。すでにふれたように、現時点で発見されている文書は、その圧倒的多数がスペイン中部のメセタ北部で見つかっています。サラマンカやアビラなどの都市がその中心に位置しています。この他ポルトガル北部にも出土し、一部は遠くピレネー山中のアンドラ地方からも出ています。この独特な分布状態は記憶にとどめておいてよいでしょう。

さて、これら西ゴート期スレート文書の研究は、ようやく端緒についたばかりです。これらが何の目的をもって作成され、どのような機能を果たしたかについては、ほとんど未解明であるといってよいでしょう。その限りにおいては、つまりわれわれの認識論レベルにおいては、それは一切の社会的連関を欠いたままの、極めて孤立したテクストであるといえるのです。私は本来歴史家として、このテクストを通して当該時代の西ゴート社会の実態を解明することをめざさなければならないわけですが、テクストの存在構造を解明するプロジェクトの趣旨に沿って、通例の視点とは違った観点に立つことを期待されています。具体的にいえば、これらのテクストがいかなるコミュニケーション行為の所産として位置づけられ、システムの再生産的機能を担わされていたかを明らかにすることが、主要な課題とならざるをえないのです。それはどのような意味伝達の役割を果たし、このようにして伝達される意味がその一部を構成する西ゴート期スペインでのより大きな意味システムはいかなるものであったかが、問われなければならないのです。

この大きな課題を達成するための作業の一環として、西ゴート王国期スペインにおける公的・私的両面にわたる文書利用の構造がどのようであったかを検討し、スレート文書がいわば繋留さるべき布置状況を想定しておかなければなりません。これを欠いたままでは、これらのテクストの意味システム上の位置を深部から的確に捕捉することは叶わず、いわば虚空に浮かんだままのテクストとして考察せざるをえないことになります。議論の射程が極めて限られてしまうことは明白だからです。

西ゴート王国期スペインの状況

基本的な問題は、ローマ時代のスペインが三つの属州に分かれ(バエティィカ、タラコネンシス、ルシタニアのうちバエティィカは元老院領、他の二つは皇帝領)、その統治機構がまったく同一というわけではないところにあります。また西ゴート人が到来する時期には、必ずしもローマの支配組織が往時を偲ばせる状態ではなく、それからほど遠い様相であったことが容易に想定されるところから、西ゴート人が到着した時代に文書の利用の面でローマの統治機構、ならびに社会がどのような状況であったかを直接にうかがい知るのが困難なのです。しかし研究の現段階の到達水準を前提にすることが許されるとするならば、西ゴート王権が七世紀まで異端のアリウス派を信仰していたことによる、土着のローマ・ヒスパニア社会との緊張関係がさまざまな局面でみられたものの、四五〇年代以降は王権が求心力を獲得したとみられているのです。この時期西ゴートの宮廷はフランスのボルドーにあったのですが、テオドリック二世のその宮廷には、シドニウス・アポリナーリスのようなローマの帝国貴族である有力なセナトール貴族が、廷臣としてつねに姿を現していました。時代は少し下りますが、五〇七年ヴイエの戦いでアラリック二世が率いる西ゴート軍が、クローヴィスのフランク軍に敗北したとき、アラリックの側では多数のセナトール貴族が戦死したとトゥール司教グレゴリウスが証言しています。アポリナーリスの息子もこの戦いで戦死しています。これはローマ支配層を代表する貴族たちが、西ゴート社会に自らを統合していた様を表す事実です。アラリック二世がクローヴィスの軍門に下る一年前の五〇六年に布告した『*Lex Romana Visigothorum*（西ゴート人のローマ法典）』は、西ゴート王国内に居住するローマ市民に適用される法として発布されました。その内実はローマ帝国の『テオドシウス法典』から抜き書きして簡略化したものです。こうした法典の必要性を為政者が感じるほどに、ゴート人とローマ人とは、一応の安定した関係に入ったものとみてよいであろうと思われます。

さて、四一八年に皇帝ホノリウスの時代に南西ガリアにゲルマン部族としては最初に王国の建国を認められたこの西ゴート族が、ピレネー山脈を越えてイベリア半島にその勢力を拡大したのが正確にいつ頃かを、確かな証言に基づいて確定することはできません。『サラゴサ年代記遺文 *Chronicorum Caesaraugustanorum Reliquiae*』は、四九四年スペインへ西ゴート人が侵入し、定着した事実を、「ゴート人がヒスパニアに侵入した」と簡潔に述べるにとどめています。彼らが定着した地方がどこであるかについて詳しい言及はありませんが、現在の研究が一致して示すのはカスティーリャ地方、メセタです。おそらく五〇七年の決定的敗北のときまで、西ゴート権力は依然としてピレネーの北にあるトゥルーズ王国に残っていたものの、スペインに新しく獲得したコロニーに向かってのゴート人の流れは断続的に続いたと想定されます。のちにタラコネンシスを拠点として西ゴート人の半島でのテリトリーになる、バエティカ、ルシタニア、カルタギネンシスへの浸透がこの頃に開始されていたのであろうと推測されます。やがて五〇七年の敗北によって南西ガリアを最終的に放棄し、メセタ地方を基盤とし、トレドを王国の首都とする体制を再構築したのです。こうして七一一年にイスラーム教徒の侵入によって、この王国が終焉《しゅうえん》を迎えるまで、ほぼ二〇〇年間にわたりトレド時代の西ゴート史が開始することになります。

文書利用の体制

次にスレート文書のテクスト論に関わると想定される範囲内で、この時代の文書利用についての論点を検討しましょう。

首都トレドに宮廷を置いたこの王国の統治組織は、基本的にローマ期の支配機構を継承するか、あるいは踏襲したものでした。すでに指摘したように帝政末期ローマのセナトール貴族は、西ゴート政権と運命をともにする以外は、選択の余地がない状況下にあったのです。旧ローマ属州の高級官僚であったセナトール貴族は、宮廷を拠点とする中央統治と、地方での拠点都市を基盤とする支配の要を担ったのです。統治において西ゴート王国においても文書が利用されたのは確実です。トレド宮廷に文書局が存在したことは、comes notariorum, すなわち書記伯という官職名が知られているところから明らかです。その役割は各種の公文書を認証し、それに法的効力を与えるところにありました。

西ゴートの国王証書は、その伝来が確実なものは一つとしてありません。国王の名前で作成された文書は、五通の書簡、西ゴート書式集に収録されている一点の国王寄進文書の雛型だけです。こうしたものを除けば、『エウリック王法典 *Codex Euricianus*』などの編纂された法典や、『トレド公会議決議録』への認証記録を数えるにすぎないのです。書式集に収められた寄進文書は、終末定式が省略されているので、厳密な意味では文書形式を確定できない難点があります。ただ確実なのは、ペーター・クラッセンも指摘するように、公会議記録の認証のように、王自らが自分の名前で文書の認証をおこなう行為は、帝政期ローマの皇帝文書では知られておらず、したがってローマ皇帝の文書作成の伝統に連なるものではないことです。それが将来において、権利の証明手段たりえたかはわからないと、クラッセンは判断を留保しているのです。古書体学者のジャン・マヨンは一九五二年に、「西ゴート王権のオリジナル文書はすべて消滅した」と断定していたのですが、一九六七年にマヌエル・ムンド゠マルセトはマドリードの国立文書館で七世紀西ゴート文書の断片を発見しました。はたしてそれが真実の西ゴート文書で、発見者が主張するように国王文書局で作成されたものかどうかについては、有力な文書学者たちはかなり懐疑的です。この文書はパリンプセスト(再利用羊皮紙)であり、しかもわずか三行の文章しか含んでおらず、固有名詞など由来を確認するための情報を欠いているからです。

しかしその形式や将来の権利確保の手段としての有効性を別にするならば、現時点での法的効果をもたらす書き付けとしての国王証書(auctoritas, praeceptum)には、多くの種類があったことが『西ゴート・ローマ法典』の規定から知られています。例えば国王裁判所召喚状、裁判官任命状、処罰命令書、恩赦状、書記任命状、公会議召集状、国王奴隷の解放状、遺言状確認書、とくに教会への寄進状確認書、対ユダヤ人優先特権状、軍隊召集状、自由身分女性や寡婦への結婚認可状など、細々とした行為が文書による国王の同意を前提としていることをうかがわせるのです。文書利用が極めて多岐にわたる体制であったのです。国王証書の偽造は、財産の半分の没収か、利手の切断によって償わなければなりませんでした。

私文書について、ごく簡単に書式集をもとに列挙するならば、奴隷解放状、寄進状、売却証書、結納金支払保証状、遺言状、交換証書、贈与証書、借用状等々が見て取れます。こうした所見を踏まえるならば、スペイン・西ゴート王国は時代的な変動はあったにせよ、生活のなかでの文書の使用が、相当程度広範に、密度高く展開する社会であったとみなしても、大きく誤ることはないと思われます。

パピルスとスレートという媒体

スレートという特殊な媒体の文書を念頭に置いたとき、大事な点はいま述べてきた西ゴート期の公文書・私文書がいかなる支持素材(matiere de support)を媒体としていたかです。文字で記録された内容と形式、書体、そして媒体は、私の考えでは文書生成の三位一体として相互に切り離しがたく結びついており、三つの要素がそろってはじめて、当該文書の有効性が法的、社会的に認知されるという性格をもつと思われるのです。

文書形式学の権威の一人カールリヒャルト・ブリュールによれば、ゲルマン部族国家の国王証書はパピルスもしくは羊皮紙に記録されました。なかでも六世紀中はもっぱらパピルスが使われたとされます。この耐久性に欠ける支持素材の利用が、ゲルマン部族国家を通して六世紀の国王証書のオリジナルがまったく伝来していない理由であると彼はいっています。パピルスは一般に乾燥には耐性があるものの、湿気には弱く滅失しやすいのです。ベルギーの中世史家アンリ・ピレンヌはメロヴィング王朝期ガリアで、パピルスがいかに広く日常的に使用されていたかを、縷々明らかにしています。一例としてあげるのは、グレゴリウス著『歴史十書』の一節です。そこにはナント司教フェリクスが、グレゴリウスを中傷する手紙を各方面に配ったことを引き合いに出して、グレゴリウスが次のように反撃したことを伝えています。「ああ、あなたはマルセイユの司教になっていたらよかったのに。船はオリーヴ油やその他の物資を運んでこないで、パピルスだけを運んでくるでしょう。そのパピルスを使って、あなたは善良な人々を中傷するために書く一層多くの機会をもつでしょう。しかしパピルスがなくなれば、あなたのおしゃべりも終わります」。

パピルスによる意思伝達が、一般的であった姿を証言しています。当時パピルスがエジプトからの輸入品でマルセイユの港に陸揚げされていたことも、ここから知ることができます。メロヴィング朝の国王証書は七世紀前半まで例外なくパピルスが使用され、おおよそ六七〇年頃に羊皮紙が優越するというのが、料紙の質の時代的変遷に関するおおよその構図です。フランク王国でもっとも新しいパピルス利用の文書は、七八七年のサン・ドニ修道院長マギナリウスがカール大帝に送ったイタリア調査旅行の報告書です。

先にマドリードの国立文書館での発見にふれましたが、もし発見者のムンド゠マルセトの主張が正しくて、それが西ゴートの国王証書であるとすれば、七世紀のこの文書が書かれた西ゴート王国でも、羊皮紙が支持素材として優越していたことの証言となります。ちなみにイタリアのランゴバルド王国では、八世紀になってもなお国王証書は圧倒的にパピルスに記録されています。スポレート大公の証書もまた然りです。興味深いのは、イタリアでも国王証書以外の文書類は、例外なく羊皮紙に記録されていることです。つまり時代の推移のなかで羊皮紙利用への趨勢《すうせい》が強まっても、支配者文書はパピルスを使用することが文書作成上の規範とみなされる状況が想定されるのです。

このような観点、すなわち文書の法的・内在的価値が記録媒体のクオリティと深く連関しているとみるとき――そしてそれは明らかに正しい想定です――、スレート文書がそれ自体固有の法的価値を具えていたと想像するのは困難です。例えば土地の売却を証明する内容の文言が、然るべき妥当な書体で、かつ適切な書式を用いて綴られていたとしても、それが法廷で、法律行為の証明能力を有したとは思われないのです。なぜなら当時の人々の脳裏にあっては、スレートは神聖なる権利の座所にふさわしからざる媒体であったからです。残念ながら管見の限りでは、支持素材とそこに記載された記録の社会的・法的効力との関係を体系的に論じた研究は存在しません。したがって、この点については、これ以上の展開は控えなければなりません。ただスレートを記録媒体として使用することとどれほど関係があるか、まだ確信がもてないのですが、西ゴート王国における公文書管理の独自なあり方についての仮説を、提示しておきたいと思います。それはアンヘル・カネラス゠ロペスの天才的着想としてブリュールが紹介している解釈なのですが、二世紀に及ぶトレド時代の歴史を通じて、一点のオリジナル文書も残さなかった理由について、彼はすべての原本は王国の機関が管理し、関係者には謄本、すなわち写しのみが送られた。つまり社会のなかに、そうした文書が拡散して蓄積されることがなかった。そして、七一一年のイスラーム教徒の侵攻が、王国の諸機関を破壊し火を放ったとき、すべては残りなく灰燼に帰したというシナリオを考えるのです。かりにこうした想定が可能であるならば、スレートに記された権利関係を内容とする一部の記録は、「記憶の社会化」と関連しているといえるかもしれません。

スレート文書がもつ意味

「記憶の社会化」とは通常、特定の個人ではなく集団としての人間が過去の出来事の体験を共有し、それを記憶し伝承により、あるいはなんらかの伝達手段により次の世代に伝えることも含めてのトータルな現象を指し示す表現であるとすれば、私のここでいう意味は少し違っています。むしろ記録媒体を含めての「記憶」の地域特有の、そして社会層特有の形式的特徴を強く含意した言い方です。この点を考えたとき見逃せないのは、現時点での所見をどれだけ一般化しうるか不確かな面があるものの——これまで一点のスレート文書も発見されていない地方から出土する可能性が皆無とはいえないのですが——、スレート文書が出土・発見されている空間的広がりがもつ意味です。『集成』に収録されている一五三点の文書中、メセタ以外の出土は、ピレネー山中のアンドラ一点(八～九世紀。極めて断片的でテクスト内容の確定不能)、ポルトガル北部ブラガ二点(五～六世紀。呪詛文)、北辺の地アストゥリアス一点(八～九世紀。降雹《ひょう》回避の祈願文)、それにさまざまの博物館所蔵の出所不明の七点が数えられます。これらを除いた一四二点がメセタ地方、とりわけサラマンカとアビラ周辺地域から発見されているのです。

この地域は四九四～四九七年に始まる西ゴート人のスペイン侵入の時期に、彼らが最初に定着した地域とほぼ重なっています。現在まで判明しているデータに依拠してミクロにいえば、初期ゴート人の墓地遺構が分布する空間はスレート文書が出土・発見される空間の東隣に位置し、部分的に重なっているのです。地名学的にゴート人の定住地に特有な -ingos 型や、さらに直接的な Gotos, Gutino などの地名がとくにめだつわけでもないのです。しかし、セゴビア近くで発見された Castiltierra(カスティルティエラ)の共同墓地は二世紀近くにわたって利用されたことが推定され、約八〇〇〇体の遺骸が数えられます。データが古く一九四六年までのヨアヒム・ヴェルナーの発掘作業の所見しかありませんが、調査を終えた四〇〇体のうち一〇%が、副葬されていた装飾品からゲルマン的特徴を具えた女性のそれであり、すべて六世紀に属していることが明らかにされているのです。さらに付言すれば、概して副葬品の類は貧しく、ゴート人の社会でも下層の人々が移り住んだのではないかと考えられています。いずれにしても共同墓地の所見から、ゴート人の定住は明らかといえるのです。

彼らが地名として民族的刻印を残さなかったのは、何よりも先住のヒスパノ・ローマ人が生活するなかに、当初は少数で定着したのが理由であったろうとするエルンスト・ガミルシェクの推測はおそらく正しいと思われます。トレドへの王権の遷都により、ヒスパニア・タラコネンシスは西ゴート人の政治的なテリトリーとしての地位を獲得し、さらに一層西と南の地域への進出も開始されました。トレド空間へのゴート人の浸透は、時間的に若干遅れて展開したと思われます。スレート文書のもっとも多くが七世紀に属するのは、この空間への彼らの進出の時間的ギャップから説明することができるかもしれません。

ヒゼラ・リポル＝ロペスはスレート文書にみえる人名の変遷から、次のように推測しています。つまり移住した西ゴート人はローマ文化の権威のゆえにラテン、もしくはギリシア起源の名前を採用したが、時間の進行とともに民族的混淆が展開した結果、ローマ風のトリア・ノーミナ、すなわち氏族名、添名、固有名という構成が消滅し、ゲルマン起源の名前が復活するようになったというのがそのシナリオです。そうした事態がスレート文書から読み取れると彼女は考えているのです。この点はわれわれのテクスト論にとっても、テクスト媒体とエトノスとの関係から、興味深い論点を提供する事実です。

次の段階の作業は、議論のなかで紹介した種々の仮説の吟味をまじえ、ほかならぬスレート文書を本格的な検討の俎上に載せることです。テクストのなかに書き込まれている過去の復元ではなく、スレート・テクストの社会的機能と意味作用の解明を焦点に据えて検討作業を実施することを課題としたいと思います。

第八章　ヨーロッパ中世の封建制と国家

西ヨーロッパ中世社会像は、久しく封建制社会とイコールとみなされてきましたが、一九九四年にスーザン・レイノルズの大著によって根底的な批判を受けました。この新説が引き起こした学術上の連関を多角的に解説します。

封建制をめぐる問題提起

西洋中世を歴史学の立場から考察しようとするとき、歴史家の前に最大のトピックとして現れるのが「封建制」と呼ばれる現象であることに大方の異論はないでしょう。翻って日本における歴史研究の歴史をみますと、封建制研究への学問的関心は、歴史研究へのマルクス主義の影響と深く関わりながら展開してきたことは、私が今さらながら指摘するまでもないことです。一九三一年の雑誌『社会経済史学』の創刊、翌三二年の「歴史学研究会」の結成と、三三年のその機関誌『歴史学研究』の創刊といった一連の動きが起こった一九三〇年代前半を、その浸透の画期と捉えることができます。この時期以降、中世史研究では日本史はもとより、東洋史や西洋史の分野でも、封建的生産様式論、封建社会論といったマルクス主義的概念や、その影響を濃厚にたたえた概念と無縁に学問的な営みをするのは、少数の歴史家だけであったといっても差し支えないでしょう。こうした傾向が太平洋戦争の終結以後、さらに一層加速されたことは、戦後歴史学と称される歴史研究の主流において、マルクス主義的歴史理解が享受した知的ヘゲモニーの大きさを考えるならば、ただちに納得できることでありましょう。

しかし西洋中世社会を封建社会と同等視する歴史観は、何もマルクス主義的歴史観を自らのものとした、あるいは程度の差はあれその影響下にあった人々に限りませんでした。鈴木成高《しげたか》のようなその来歴と思想において非マルクス主義者であるのが明瞭な歴史家もまた、戦後すぐに出版した『封建社会の研究』(一九四八年)の「まえがき」を次のような言葉で書き始めています。「封建制度は中世史におけるもっとも基本的な問題である。すべての中世研究者にとって、それは興味の問題でなく義務づけられた課題でなければならぬ」。全体で九章、六七三頁からなるこの大著は、狭義の封建制、すなわちヴァザリテートだけでなく、土地制度、荘園制、中世商業、中世都市など、広く西洋中世の国制と社会経済全体を主題にしており、これを「中世社会の研究」と名づけてもなんら違和感を覚えない作品です。著者にあっては西洋中世社会の本質を根底において性格づけているのは、まさしく封建的諸関係であるとの認識が、このような書名を選択させた大きな理由であったに違いないことは、先に引用した「まえがき」の文章からもうかがえます。

マルクス主義歴史理論の支持者であるかそうでないかを問わず、共通して見て取れる中世社会を封建社会と同一視するこのような捉え方は、西洋中世の歴史を理解するためのはたして適切な学的接近法であるのでしょうか。そもそも約一千年間に及ぶ「中世」と呼ばれる広大な時間的広がりをもつ現実を、「封建制」と称される法的・社会的紐帯《ちゅうたい》の様式を表現する用語で概括的に表象することで、的確にすくいとることができるのでしょうか。ことに中世の宗教や文化・芸術の分野について、疑念を抱く人が少なくないに違いありません。けれども社会経済、ましてや政治や国制の側面については、「封建制」という概念の有効性を深刻に疑問視する中世の専門家は少ないと思われます。

しかしながら「封建制」というこの大概念が躓きの石となって、西洋中世社会の実像のより精密な歴史的理解と掌握を困難にしているとすれば、それは歴史学のみならず法制史学にとっても克服されなければならない課題でありましょう。

封建制をめぐる論調

封建制という概念は、中世ラテン語の「feudum」、すなわち「封」に由来しています。「feudum」の法的構造の理路を最初に説いたのは、北イタリアのロンバルディア地方で編纂された『封建法書』、あるいは『封建慣習法』と呼ばれる法書でした。それは十一世紀末から十二世紀初頭にかけて、当時神聖ローマ帝国の支配下にあったこの地方において、ローマ法学者たちが主君から下賜された土地とそれに付随する権利関係を理論的に構成しようとした成果の産物でありました。しかしここで展開されている「封制度」が、直接に後代の「封建制」概念の源泉となったのではありません。『封建法書』は、やがて十六世紀にギヨーム・ビュデ、エチエンヌ・パスキエ、ジャック・キュジャ、フランソワ・オトマン、トーマス・クレイグなどのフランスやスコットランドの人文主義者（ユマニスト）、法学者の解釈と研究の対象となり、今日知られるような「フューダリズム」の理論的な原型が形づくられることになるのです。続く十七世紀イギリスで、ジェームズ一世時代のコモンロー学者たちが、コモンローの起源を探究する議論のなかで、これと封建法の関わりに注目してこれを掘り下げました。その代表格がヘンリー・スペルマン卿でした。

優れた洞察力の持主であったスペルマンは、いくつかの鋭い指摘をおこなっています。その一つは、「封建法」が国家政策として上から課されたハイアラキカルな制度であるということ(これは市民法学者であったクレイグも主張していた点です)。第二は、「feudum」概念の結晶化は、ゲルマン法の要素を取り込みながら徐々に進行したが、ザーリアー朝のコンラート二世がイタリアに進出し、一〇三七年に発布した「封についての制定法」により、封臣の息子や孫、甥などへの相続権を保証することで、古典的な完成をみたとしたこと。第三は、もっとも驚くべき指摘ですが、コンラート二世に先立つこと一世代、のちにフランス王となるユーグ・カペーがイタリアに赴いたおり、「feudum」ばかりでなく、大公領、伯領、騎士領などを、永続的に世襲的なものとするという着想を得て、それ以後フランスの貴族は統治する領域名で、自らを呼ぶようになったとする主張です。スペルマン卿が指摘したこれら三点のうち、第一と第三の論点についてはのちにふれる機会があるでしょう。

さてヨーロッパの封建制について、これまで主張されている封建制の内実に根本的な疑問を投げかけた著書として、しばしば引用されるのはイギリスの中世史家レイノルズが一九九四年に著した大著『封と封臣——中世の証拠を再解釈する』です。フランク国家と、それに続く中世盛期のフランス、ドイツ、イギリス、イタリアの所見を逐次検討し、そこから得られた結論は、十二世紀以降の封建関係は、中世初期の戦士団や従士制とヘルとの関係とは、無縁な新規の創造物であり、何よりも十二世紀に始まる官僚制的行政の発展と学識法の展開により生み出された制度であって、封建的なハイアラーキーと義務は、極めて強力な中央集権的な権力のもとでの産物であったとする大胆な主張でした。ドイツの法制史家カール・クレシェルが指摘しているように、たしかにレイノルズの検討は、狭い意味での封主封臣関係とこれを支えた「封」の結びつきが焦点であり、封建制という広い意味での社会体制が検討対象ではありませんが、前者からの帰結は必然的に後者のあり方をも問題にせざるをえないという意味で、既知の「フューダリズム」論全体への批判という広がりを具えているとみなければなりません。ところでレイノルズの結論で興味深いのは、中世の封建制が実は「強力な中央集権的な権力」のもとで発展したとする主張です。このような主張は、先に紹介したスペルマン卿の「封建法」を、国家政策として上から課されたハイアラキカルな制度であるという指摘と重なるということです。両者ともに、封建的主従関係の機能を、もっぱら政治的な序列関係を形成する要素として捉えている点で共通しているのです。

この点はフューダリズムというシステムがはるかに広範な、社会を構成する原理であるとするオットー・ヒンツェなどの見解と大きく異なっています。彼は封建関係を「実物経済が支配的で、交通手段が未発達な時代に、合理的で公共性を具えた制度の欠如から、大帝国の統治者が備えるにいたる人的支配手段の紐帯」であると述べていますが、この点はむしろヒンツェ的な理解の妥当性が批判的に検討されなければならないのが、現在の先端的な研究状況といえるでしょう。ベルリンの中世史家ミヒャエル・ボルゴルテが最近ヒンツェの封建制論を批判し、日本やイスラーム圏の封建制をも引用しながら、封建制的秩序は、中央集権的国家構造を前提にしてはじめて存立しうる社会体制であると論じているのはそうした一例です。

封建制と中世国家

研究史の側からみたとき、これまで受け入れられてきた「封建制」概念によって覆い隠されてきたもっとも重要な問題は、中世国家の問題です。概して封建制は中央の公的機構、公権力が雨散霧消したなかで、地方の私的権力がヘゲモニーを掌握した分権体制として構想されるか、あるいは特殊には、フランスにおいて典型的に実現したとみなされている「封建王政」という特徴づけのもとに、封建的原理とは独立にその公的要素を云々することができない歴史事象として理解されてきました。極端なのはシャルル・プティ＝デュタイイの主張であり、彼はイギリスやフランスの封建王政を論じた有名な著書のなかで、イングランドではシャーやハンドレッドのような地方支配の枠組が存続したのに引き換え、フランスでは初期カペー朝の王権の諸制度はすべて崩壊し、「領主制が唯一の社会的紐帯であった」として、封建的原理の排他的貫徹を主張していました。さすがにここまで極論する論者は多くはありませんが、さまざまの異なるニュアンスを込めて、国王が体現する公的権力の弱体化と国家性(ドイツ語でいうシュタートリヒカイト)の著しい退潮は明瞭であったとする歴史家が多くを占めていたのです。

マルク・ブロックは周知のようにその著書『封建社会』のなかで、イスラーム教徒やヴァイキング、マジャール人の侵攻が生み出した政治的混乱や社会経済的打撃をカロリング王権の衰退と結びつけて、社会のなかで封建的紐帯の比重がますます増大する必然性を説いていました。九世紀後半から十一世紀にかけてのフランス王権は、王としての威を失墜させ、もはやイル・ド・フランスの一君侯でしかない存在に貶められたとみます。それゆえにこそブロックは第二巻の最後のほうで「国家再建への歩み」と題する、王権による権力の再統合を論じた一章を設けたのでした。このことはおおよそ十二世紀にいたるまで、国家の公的側面は論ずるに価する内実をもたなかったとする主張を含意しています。

ブロックはまた公的権力の分解過程を実体化して捉え、分解の進行を例えば領邦君主が支配する広域的な空間から、より狭小な城主支配圏まで段階的に浸透していく過程を想定しています。このような発想は戦後フランス、ベルギーの歴史学において主要な研究潮流となり、領邦君主領の成立過程を探究したヤン・ドーントの『フランスにおける領邦君主領誕生の研究』や、比較的小規模な統治空間である「パグス」の分解を研究したジャン＝フランソワ・ルマリニエの一連の研究を触発し、九世紀後半から十二世紀半ばまでの中世フランス史の理解を固定した観があります。しかし封建的な主従関係がもっとも徹底して展開したはずのフランスでさえ、主従関係の頂点に君臨したのが、カペー家の血統、すなわち王権であった事実は、どのように理解されるべきでしょうか。もともと主従関係のネットワークの論理には、王権をその頂点に据える必然性が存在しないからです。そこには封建関係のロジックとは異なる別の要因が作動していなければならないのです。

あるいはエリック・ブルナゼルが想定しているように、領邦君主領を経て城主支配圏にまで進行した権力の分解現象が行き着いた地点から、優先誓約と奉仕義務を課すことに成功した王権が、歯車を逆転させて封建秩序を自らに有利に回収した成果とみるべきなのでしょうか。ブルナゼルは王権がそうした歴史的回路を利用することができたのは、イル・ド・フランスがいまやますますフランス王家の守護聖人として大きな崇敬を集めつつあったサン・ドニ修道院の所領が集中して分布し、中小騎士レベルでの極度に錯綜し稠密な主従関係が形成されたにもかかわらず、土地関係は著しく安定しており、王権は容易に見通し可能な土地領有関係を梃子に、主従関係を自らに回収することができたのだと考えています。だがもしそうであるとするならば、このような宗教的拘束と王権の制約下にあった「王領」の土地は、通常の意味での「封」とみなしうるのでしょうか。そうした特殊な性格の「封」を媒介とした主従関係を取り結んだ「王領地」の封臣は、たとえ形式上はそのように称されたとしても、彼らと王権とを結びつけた絆の性格は、封建関係というより、公的な家臣、すなわち忠臣(fidelis)としてのそれではなかったでしょうか。

ここで想起されるのは、かつてフェルディナン・ロットが提起した問題、すなわち『忠臣か封臣か――九世紀中葉から十二世紀末までの大封臣と王権の絆の法的性格についての試論』(一九〇四年)と題する博士論文です。このなかでロットは、検討の対象とした時代にあっては、封臣の対抗概念としての「忠臣」は存在せず、より少ない負担しか課されていない封臣がそのように形容されただけであり、実体上は封臣概念に包摂される存在であると結論づけたのでした。この議論はいかにも綱渡りとの印象を拭えません。王領地という特殊な空間を考えれば、封臣概念が「忠臣」のそれに包摂されて、後者がより普遍的であったと論ずることも可能だからです。

王権と貴族層の相互依存

このように議論を一八〇度転換させる方向での主張は、すでにレイノルズの大著が出版されて、大きな国際的な反響を呼ぶことになる前年の一九九三年に、フランスの中世史家エリザベト・マニュ゠ノルティエが『ルヴュ・イストリーク *Revue Historique*』誌上に掲載した「封建法とモンテスキューおよびマルク・ブロックによる社会または罰令領主制再考」と題する論文で展開されています。この著者は中世を通じて一貫して公的原理が貫徹し、翳りをみせたことはなかったとする論調で知られます。われわれが論じてきた問題と重なる点は、第一にブロックが封建社会の成立の歴史的前提にした、ヴァイキングの侵寇によるフランク世界の混乱と衰退について、アルベール・デネンスの比較的新たな研究に依拠して、根拠なしと否定してみせたこと。第二に(こちらがより重要ですが)ブロックが封建制第二期として、封建制が一段と進展した段階として措定した城主支配圏の歴史的意義を否定したことです。後者は若干の捕捉が必要です。ブロックが城主支配圏の構造を詳しく論ずることなく斃れたのち、この問題を継承して城主支配の内実を罰令領主圏としてマコン地方を素材にして組み立てたのがジョルジュ・デュビィであったのはよく知られています。だが実はデュビィが分析の対象にした五千点以上のマコン地方の文書に、「罰令権」を意味するバンという用語が出現するのは、一〇二五年のわずか一点だけです。つまりデュビィが罰令領主制の成立として、その革新性を高らかに宣言したとき、その内実をなす罰令権(バン)は、マコン地方の史料に基づいて構築された概念ではほとんどなかったのです。それはむしろメッス地方、すなわち神聖ローマ帝国の領域でみられた現象でありました。

これらの事実を勘案するならば、封建体制のもっとも基礎的な枠組である罰令領主の歴史的性格にも、十分再考の余地があるとの感を強くもたざるをえません。このような印象は九世紀後半以後のカロリング帝国の歴史に関して、旧来の衰退論と公的秩序の退潮という基本的認識を全面的に再検討し、むしろカロリング的秩序の中世盛期への連続と発展を強く主張する、主にイギリスの一群の若手中世史家たちの研究の出現により、ますます強く感じられるようになっています。マシュー・インネスの『中世初期の国家と社会――四〇〇年から一〇〇〇年にかけてのライン川中流域』(二〇〇〇年)は、中央集権的な官僚制国家を基準にした国家モデルや、権力の単純な公私の二範疇への分類といった近代的な国家モデルを前提にした操作が、いかに時代錯誤的な思考であるかを指摘しています。国王権力と地方権力の対抗関係は、むしろ中心と周縁の関係を強化し、その結果より強固な国家構造を造り出すのに成功したとみるのです。彼にとってカロリング王権の統治行為とは、本質的に地方における社会的レギュレーションの自己維持プロセスともいえる自律的性格を具えているのです。サイモン・マクリーンもまた『九世紀後半の王権と政治――カール肥満王とカロリング帝国の終焉《しゅうえん》』(二〇〇三年)のなかで、国王統治の地方での体現者であった伯をはじめとする「役人」は、もともと地方の有力者であり、彼らは国王への奉仕と勤務を通じて自らの権力を再規定し、カロリング権力との調整を図ったのだと指摘しています。ドイツ史学の伝統的な構想は、貴族支配制説に端的に表れているように、王権と貴族との相互排他的な、つまりゼロサム・ゲーム的な競争関係として捉えられてきました。あたかも貴族勢力が、王権の権力基盤の浸蝕と、自らの物的基盤としての土地獲得という共通の目的をもって行動したかのごとくみなされてきたわけです。しかしこのような認識は完全な誤りであり、王権と貴族勢力とはむしろ相互依存の関係にあったとみるべきであるというのがマクリーンの基本的な考えです。地方貴族は王権をむしろ自らの固有の権力の根拠とし、国王への奉仕を通じて自らの権力を地方社会のなかで再定義してみせたというのです。

マクリーンによると、歴史家の誤解の一因は国王勅令のなかに王権の一貫した政策的・政治的意向を過度に読み込みすぎたところにあるといいます。勅令はそのつど固有の事情に応じて発布されており、したがってその意味づけと解釈は、個別の政治的・社会的コンテクストにおいてなされなければならない性格のものであり、本来なんらかの一貫した政策の表明と考えるべきではないというのです。またカロリング王権没落の歴史的体現者とみなされてきたカール肥満王(在位八七六〜八八七)――八八七年狂気を発しているとされ廃位された――は、同時代人であり不仲であったマインツ大司教リウトベルトゥスのグループが執筆した『フルダ年代記続編』の記述がつくりだしたイメージであり、実際には決して王権の衰退へと導いた無為の王ではなかった事実も説得的に論じています。

貴族層と王権の協調体制は八八八年のカール肥満王の死後、協議のすえ、各国の貴族層がイタリアではベレンガリウスを、西フランクではロベール家のウードを、そして当の東フランクではアルヌルフを王に選出したことに表れているとします。カロリング家の血統を引くことが王の正当性の重要な要素であることは、非カロリングの門閥であったウードが、カロリング家出身のアルヌルフのもとに表敬訪問したことにも表れているのです。こうした事態の推移について、インネスは次のようにいいます。

政治は依然として国王宮廷を通じて行使され、影響力をもった公的な権威の問題であり続け、それはその権力が神に由来すると主張し続けた。不満をもった貴族は宮廷で自らの言い分を聞いてもらおうと努め、地方の領主的支配者として分離していくのではなく、あくまで王国の公的な生活のなかにところを得ようとした。カロリング王権は、たとえ変容を遂げたにしても、のちの中世ヨーロッパ政治のテンプレートを造り出したのであった。

「テンプレート」とは、選挙によって王を選び、推戴するという作法のことです。実はこうした王権と貴族との関係はゲルト・テレンバッハが一九七〇年に指摘し、またヨハンネス・フリートが一九九四年に八四三年十月のクレーヌ条約に関して指摘していたことでした。最近の論者たちの見解の新しさは、それを九世紀だけでなく十世紀にまで、こうした構造の持続が確認できるとしたことでありました。

異なる国家モデルへ

こうして封建制第一期とブロックが形容している段階が、はたして実際に社会の封建制化の構造的契機をはらんだ時代であったか否かを再考する余地が現実のものとなってきます。少なくとも観念レベルでのコンテクストは「封建制」に向けてのベクトルは示していないようにみえます。九世紀の政治思想の成熟が、「レース・プーブリカ」の観念の定着と浸透をフランク世界にもたらしたことは、近年ますます強調されるところですし、それが十世紀末の人々の脳裏においていささかも色褪せていないことは、フルーリ修道院の修道士アボンの著述からも明瞭です。この封建制の開始期とされる十世紀末から十一世紀の始まりの時期に、アボンやジェルベール、リシェなどの人々は、「レークス・フランコールム」は変わらず公的な機能を実践し、公的な上位の秩序を担い、地方的な狭い枠組ではなく「フランス王国全体 totum regnum Francorum」を統治する存在という観念を保持しているのが知られるからです。

一方において、近年ハンス＝ヴェルナー・ゲッツが述べているように、これまでのように近代官僚制国家のモデルを安易に中世国家の分析に利用するのではなく、時代に応じた、あるいは史料的なまとまりごとに異なる国家モデルを構築してからなければならないところまで研究の現状は進んでいます。それと同時に、これまで「封建制」という概念が認識論的地平線として作用し、見えなくさせていた十世紀から十三世紀にかけての国家の固有な領域に光を当てることが是非とも必要に思われます。それにより、あるいは中世ヨーロッパの歴史像は、これまでとは異なる姿で浮かび上がってくるかもしれません。

第九章　十二世紀ルネサンス論再考

第二章で部分的に論じたシルヴァン・グーゲネム著『モン・サン・ミシェルのアリストレテス』の議論を詳しく紹介し、その議論に内在する学術上の意義と、方法論上の疑問ならびにイデオロギー的な側面について指摘をおこないます。

論争と騒動の発端

二〇〇八年三月六日、パリの著名な出版社スイユから叢書「歴史の宇宙 l'Univers Historique」の一冊として、ある書物が出版されました。その書物の題名は『モン・サン・ミシェルのアリストテレス *Aristote au Mont-Saint-Michel*』、副題が「キリスト教ヨーロッパのギリシア的根源 *Les racines grecques de l'Europe chrétienne*」と銘打っていて、著者はシルヴァン・グーゲネムという当時四十代後半の中世史家です。

著者にとってこれは四冊目の単著でした。ゲルマン学と中世史を専攻するこの気鋭の歴史家は、第三期課程博士というフランス独特の博士号取得の研究として、ビンゲンのヒルデガルドの思想を取り上げ、その成果を『ラインの巫女——尼僧院長にしてラインの予言者ビンゲンのヒルデガルド』（一九九六年）と題してソルボンヌ出版局から刊行しました。第二作は『偽りの恐怖紀元千年――時の終わりの期待か、それとも信仰の深まりか』(一九九九年)を、第三作として、これから取り上げる書物の一年前に『ドイツ騎士団』(二〇〇七年)と題する八〇〇頁近い大著を出版しました。

本題から少し外れますが、ある書物がどの出版社から、どんな装釘で刊行されるか、また叢書のようなものがあれば、そうしたシリーズの一つとして出版されるのかどうかということは、テクスト論的にはその書物の意味づけにとって無視できない要素です。このことは日本語にも翻訳されたジェラール・ノワリエルの『歴史学の「危機」』のなかで、書物の外形などと並んで「叢書」という出版戦略上の技術的装置を「パラテクスト」として論じているのですが、この論のなかで事例として引き合いに出されているのが、ほかならぬスイユ社の「歴史の宇宙」と名づけられたシリーズで、グーゲネムは『モン・サン・ミシェルのアリストテレス』を、まさしくこの叢書から出版したのです。彼は第一作から第四作まで、すべて異なる出版社から著書を刊行しており、推測ですが多分それは、グーゲネム自身の意向であろうと思います。彼はそれまでとは明確に異なる性格の、つまり明確に政治的メッセージを込めた自著を出版するにあたり、学問的水準の高い啓蒙書のシリーズとして定評があるスイユ社の「歴史の宇宙」を、意識して選択したに違いないと私は推測しています。

さて、出版から一カ月を経た四月四日に、フランスのこれまた定評のある、どちらかといえば社会民主主義的志向をもった新聞『ル・モンド』の読書欄で、ほぼ一頁の四分の三ほどの紙面を費やしたロジェ＝ポル・ドロワの署名による書評が出ました。題して「もしヨーロッパがイスラームに知的負債を負っていなかったならば?」。この書評は、グーゲネムの論点を紹介し、彼の論を肯定的に受け止める好意的な内容でした。

『ル・モンド』というフランスの進歩的インテリに大きな影響力をもつ新聞紙上での好意的な取り上げ方が、発火点となったのでしょう、四月二十八日に中世哲学の著名な研究者で、『中世知識人の肖像』などの邦訳もあるアラン・ド・リベラを発起人として、グーゲネムの著書の内容と著者個人を弾劾するフランスの哲学者、歴史家五六名が名前を連ねた声明書が発表されました。そのなかにはイタリアの歴史家カルロ・ギンズブルグの名前も見えます。この声明が出されるとすぐにポーランドの歴史家の有志が声明を出し、グーゲネムへの弾劾は一種の検閲であり、スターリン時代の「体制派インテリ」の再来を思わせると激しい非難を浴びせました。一方グーゲネムが教授を務めるリヨン高等師範学校では、一部のイスラーム教徒の学生がグーゲネムの授業をボイコットする意志を示し、これに対してまた一部の学生はグーゲネムを支持する動きをみせるという混沌とした状態になり、師範学校当局はグーゲネムに一定期間授業を停止させるという、異端の学説を唱える教師への中世の大学当局の対応を彷彿とさせる大騒動となりました。

ちなみに、この現象には確実に『モン・サン・ミシェルのアリストテレス』のパラテクスト的側面が関わっています。グーゲネムがスイユ社の「歴史の宇宙」叢書を自らの出版戦略に繰り込まなかったならば、事態は別のものになっていた可能性が大きいと推測されるからです。こうした想定をするのは私だけではありません。保守の立場で有名なフランスの新聞『ル・フィガロ』の電子版(七月八日付)で、記者ポール゠フランソワ・パオリは、グーゲネムがスイユ社のような有名出版社ではないところからこの書物を出版していたならば、これほどの注目も、反響も呼ばなかったであろうと述べているからです。

アリストテレス哲学の受容についての通説

これだけの大きな反響――それは学問的であるにとどまらず、社会的、そして政治的、イデオロギー的でもあります――と激しい非難を引き起こすことになった、肝心の書物がどのような内容のもので、著者グーゲネムがそのなかでどんな主張をしているかを説明しなければ、この騒動の意味を理解することはできません。以下しばらく頁を費やして、この本文二〇〇頁、註、付録、史料、索引、文献リストを合わせて二六〇頁ほどの、さして大著ともいえない書物の中身を紹介することにします。

まず、グーゲネムが批判の対象にした西洋中世文化史の研究で、いまや確立したドグマとなった感のある、アリストテレスの西洋での受容に関して、ごく簡単におさらいしておきましょう。

通例説かれるのは、西ローマ帝国の崩壊以後、西方世界の文化的凋落は著しく、とりわけギリシア世界の知的遺産の継承は見る影もなく衰退し、ゲルマン人の部族国家では、かろうじてローマ末期にラテン語に翻訳された作品が、写本として西欧各地の修道院を経巡り筆写され続けました。東ゴート王の逆鱗にふれて死刑となったボエティウスはプラトンとアリストテレスの全作品をラテン語に翻訳する計画をもっていましたが、完成したのはアリストテレスの『論理学』だけであったとされます。もっともこの点についても異説があり、ボエティウスが翻訳できたのはその一部であったと説く論者もいます。いずれにしても、古代ギリシア人の智慧とギリシア文化は、西方世界ではなかば忘れられた遺産でした。セビーリャのイシドルスも、ウェマス＝ジャロウ修道院のベーダも、ヨークのアルクイヌスもほとんどギリシア語を解しなかったとされています。

このような文化状況に転換が訪れたのは、十二世紀中頃であり、とくに十三世紀以降のトマス・アクィナスやアルベルトゥス・マグヌスのような、近代哲学の遠祖となる論理学者たちの業績を念頭に置くとき、重視しなければならないのは、彼らがその哲学を彫琢する拠りどころとなったアリストテレス哲学が西洋で再発見されたことです。一〇八五年にスペインではイスラーム教徒からトレドが奪回されると、トレド大司教ライムンドゥスとその後継者ヨハンネスが、ここにアラビア語文献のラテン語への一大翻訳センターを組織して、大量の写本を生み出しました。アリストテレスの『自然学』をはじめ、最重要の哲学文献が、イスラーム哲学者アヴェロエス（イブン・ルシュド）によるアリストテレスの註釈とともにアラビア語から翻訳され、アリストテレスの業績が本格的に西洋にもたらされ、そのかけがえのない知的財産になったというわけです。その意味で、西洋の知的伝統の最重要部分が、イスラーム文明に大きく負っているとする見方が定説でした。これは一九二七年にアメリカ合衆国の中世史家チャールズ・ホーマー・ハスキンズの『十二世紀ルネサンス』によって確立した史観であり、中世大学史の権威ジャック・ヴェルジェから、先に名前を引いたド・リベラ、そして最近『中世の覚醒』と題して翻訳されているものの、原題は『アリストテレスの子どもたち』の著者リチャード・E・ルーベンスタインにいたるまで、ほぼ共通している見解です。同時にこうした見方には、知的に遅れた西欧、知的に開かれ、進んだ文明のイスラームという対比的な含意も伏在していました。グーゲネムの『モン・サン・ミシェルのアリストテレス』は、こうした見方すべてを誤った先入観と、大雑把な因果関係の確定——彼はそれを近似史観(approximation)と表現します——に基づく見解として斥けるのです。

『モン・サン・ミシェルのアリストテレス』

この書物は序論を除いて五章から成っています。序論は「伝播の歴史 Histoire d'une transmission」と題された、一五頁程度の短い論で、序文と合わせて問題の所在と、この問題を再検討する意義、議論の展望について論じています。中世ヨーロッパ文化史で、こんにち定説と成っている相補う形の二つのテーゼが検討の対象とされます。第一は、ヨーロッパがアッバース朝アラブ・イスラーム世界に負っている負債、言い換えるとイスラームがキリスト教ヨーロッパ文明の形成に果たした貢献。それは古代ギリシアの知の本質的部分をヨーロッパに伝えたという点にあります。二つ目は、もっと一般的で、ヨーロッパ文明のイスラーム的根源の問題です。少なくとも部分的にヨーロッパの思想、文化、芸術がアッバース朝イスラーム文明によって生み出されたとするテーゼです。議論の時間的枠組は六世紀から十二世紀です。というのも十三世紀以降は事実の確定が十分になされており、再検討の必要がないからというわけです。

さて、このように議論の大枠を設定したあと、すぐに先に紹介した二つのテーゼに潜むイデオロギー的底意を問題にします。ギリシアの知の伝達媒介者としてのアラブ人という認識からさらに論を進めて、文化的にギリシア化したイスラーム教徒の文化は「啓蒙のイスラーム」に格上げされます。それはより進歩した文明を体現し、遅れたキリスト教ラテン文明に対して、その進んだ科学と知識により模範となる存在とされます。そのことを体現しているのがバグダードの「智慧の館」とされる建物です。そこはイスラーム教徒やキリスト教徒、ユダヤ教徒など異なる信仰をもつ学者が、自由に科学の知識や哲学の解釈を議論する開かれた場であり、「啓蒙のイスラーム」を象徴する機関でした。

著者グーゲネムはこうして大まかに批判の対象を提示したのち、とりあえずの問題点として指摘するのが、議論のある種の単純化、概括化、近似的理解です。イスラームのギリシア化というとき、それがあるとしても、古典期アテネの知の継承ではなく、古代末期のそれでしかなかったとする専門家の見解を紹介し、またイスラーム世界の文明を均質な一枚岩とみる見方や、アラビア性とムスリム性の差異が正確に捉えられていないなどの問題を指摘し、文明の優劣という論争主題は、「逆オリエンタリズム」というべきもので、ある種の自民族主義的(エトノサントラリズム)であるというわけです。やや幼い議論ですが、そもそも一世紀当り数十人単位の業績だけで、文明の優劣など比較できないだろうとも述べています。しかしこの序論のなかで重要なのは、ポスト・ローマ時代から西欧世界の内部に一貫して、ギリシア古典への関心が維持され、その研究への希求が絶えることはなかったという指摘でしょう。ハスキンズは通説のカノンとなった『十二世紀ルネサンス』で、まさしくこれと正反対の認識を示していたことが思い起こされます。

グーゲネムの議論

続く第一章「散漫な恒常性と古代の知の探求――ギリシアの系統」では、ポスト・ローマ期以降のラテン世界内部での古代ギリシア文化の帰趨《きすう》が跡づけられます。まず西ローマ帝国の崩壊後の西欧の文化状況を過度にネガティヴにみるのは、現在の研究水準からして妥当ではありませんが、都市の学校などでの教育インフラの衰退は六世紀末に概して顕著となります。しかしこれも西欧内部で地域による事情の差異があることは、踏まえておく必要があります。イタリア、なかんずくシチリアではこうした断絶はなく、ギリシア語を学ぶ場にこと欠くことはありませんでした。

重大な意味をもったのは、五世紀頃からビザンティン帝国の周辺で、古代ギリシアの哲学や科学の著作が、シリア語に翻訳される大きな運動が生じたことです。その目的は聖書にみられる自然科学面の不足を補ったり、神学論争に利用したりするためでした。この点は第二章でさらに立ち入って論じられることになります。いずれにしても、ビザンティン帝国でのさまざまの宗教的迫害やアラブ人の侵略などが原因で、亡命教会人や修道士の西欧への到来は、設定した時間枠で絶えることはなかったとされます。七世紀後半から八世紀半ばまでのローマ教皇はシリア人をはじめとする東方出身者で占められていました。地中海の東西の文物・人間の交流については二〇〇一年に出たマイクル・マッコーミックの大著『西洋経済の起源——コミュニケーションと商業　三〇〇〜九〇〇年』においても、グーゲネムの主張を裏書きする方向で論じられています。

グーゲネムは言います。

このように、中世に東方キリスト教徒の真のディアスポラがあった。逆説的なことだがイスラームはその支配下に入ることを望まなかった人々を西方に亡命させることで、ギリシア文化を移転した。だが、もしビザンティン帝国のギリシア人が古代文化の媒介役を引き受けなかったならば、なんらの結果ももたらさなかったし、西洋のエリートたちがギリシア文化に関心がなかったならば同様であった。

幸いにして、カロリング朝からオットー朝にいたるまで、西欧の支配層や教会人インテリはつねに古代ギリシアの遺産に関心を持ち続けました。イングランドとアイルランドは西欧でのギリシア古典の研究のセンターでした。ベーダはギリシア語で『使徒行伝』を読み、九世紀のセドゥリウス・スコトゥスはアリストファネスの失われた劇作断片を救い出しています。十世紀ザクセンのガンダースハイム尼僧院の修道女ロスヴィタはアリストテレスの『論理学』についての知識をもっていましたし、同じ時代のこの尼僧院の院長ゲルベルガは院内でギリシア語を教えています。

カロリング・ルネサンス、オットー朝ルネサンス、西暦千年のルネサンス、十二世紀ルネサンスと、ほぼ毎世紀ごとにみられるルネサンス現象を解説したあとで、グーゲネムはこうした文化的昂揚を通じて、ギリシア古典への眼差しが絶えることはなかったと結論づけています。

第二章は「古代ギリシアの知の地中海沿岸地方での残存と伝播――ビザンティンと東方キリスト教世界」と題されていて、この書物のなかでもっとも重要な部分であると私は思います。それはひとえにビザンティン帝国外の東方キリスト教世界についての分析によっています。

ビザンティン帝国において古典の著作と知識への関心を絶えず持ち続けたことを踏まえたうえで、古代ギリシアの知の伝達と蓄積の担い手としてキリスト教徒シリア人の役割を高く評価します。引用しましょう。

七世紀から十世紀にかけて「アラブ・イスラーム文化」というとき、それは時代錯誤か、まやかしである。それというのもこの文化はほとんどイスラーム的ではないし、状況的にアラブ的であったにすぎない。それどころか非常にキリスト教的で、シリア的であった。シリア語はエデッサ地方で話されたアラム語の一派であり、古代ペルシア帝国に住むキリスト教徒全体と、ビザンティン帝国の周縁、すなわちアラビア半島北部から、トルコ南部、ヨルダン、シリア、イラク、イラン西部で話された。アラビア半島の真只中にはヤコブ派キリスト教徒がおり、イスラームの出現以後もここでは、アリストテレスの『オルガノン』の翻訳者であった司教ゲオルギオスのもとでキリスト教（単性説）を信仰し続けた。

この地域にはほかにメルキト派、マロン派、そしてとりわけギリシア語テクストに大きな役割を果たしたネストリウス派などの異端正統とりまぜて、多くのキリスト教徒社会が存在しました。彼らはイスラーム信仰に改宗することなく、文化と生活の自律性を保持し続けたのです。ネストリウス派の首長はカトリコスと呼ばれ、十一世紀にもバグダード宮廷で宮廷人の地位を得ていました。

グーゲネムによれば、アリストテレスを含め古代ギリシアの哲学、医学、数学などのテクストを翻訳したのは、これらキリスト教徒シリア人であったのです。彼らはまず古典ギリシア語から、自らの言語であるシリア語に翻訳しました。シリア語は、先に述べたようにアラム語の一派であり、セム語族に属します。ですからアラビア語やヘブライ語と親類の言語です。シリア語からアラビア語への翻訳はインド・ヨーロッパ語に属するギリシア語からの翻訳に比べてはるかに容易でした。東方のキリスト教徒は二つの言語を自らの言語としていました。ビザンティン帝国の行政公用語のギリシア語と、生活言語のシリア語です。イスラーム教徒アラブ人やイラン人は、決してギリシア語を習得しませんでした。アルファラビ、アヴェロエス、アヴィケンナ(イブン・シーナー)といった代表的な知識人はギリシア語を知らなかったとされています。

ここで私が指摘しておきたいことは、クルアーン(コーラン)が書き言葉としてのアラビア語の最古の例であるという点です。ムハンマドがアッラーの言葉を書き記す前に、文語としてのアラビア語は存在しなかったのです。この事実はクルアーンの成立というイスラーム信仰の根源に関わる問題を提起します。二〇〇七年、ドイツのセム語学者クリストフ・ルクセンブルクが『クルアーンのシリア・アラム語読解──クルアーン言語の解読への寄与』(第二版、二〇〇七年)と題する研究を出版して話題を呼んでいますが、これはクルアーンのそうした謎めいた成立の経緯と深く関わっています。いずれにせよ、この七世紀半ばの段階では、古典ギリシアの哲学や科学の著作をアラビア語に翻訳しようにも、書き言葉の状況からするとはなはだ困難であったのです。結局キリスト教徒シリア人が、アラビア語の哲学や科学の専門用語をすべてつくったということです。アラビア語への翻訳活動の波は七世紀に始まり、九世紀にピークを迎えました。アラブ人の科学的著作は十世紀になってようやく開始することになります。

第三章は「モン・サン・ミシェルのパイオニア修道士──ヴェネツィアのヤコブス」と題されています。いよいよこの書物のタイトルが暗示している修道士ヴェネツィアのヤコブスの登場です。しかしこの章はわずか二〇頁しかありません。それほどこの人物について残された記録が少ないのです。

グーゲネムによれば、ギリシア語文献のラテン語への翻訳の組織立った活動が展開されたのは、トレドが最初ではなく、それより前にアンティオキア(原音表記ならアンターキヤ)やモン・サン・ミシェル修道院において特筆すべき翻訳活動がおこなわれていたというのです。モン・サン・ミシェルの事業は数十年トレドに先行していました。それはおそらく一一二〇年代の終わり頃と考えられています。モン・サン・ミシェルの修道士で、この活動に加わった者たちの名前は一人を除いて知られていません。この唯一名前を知られているのが、「ヴェネツイアから来た修道士ヤコブス」です。彼は一一二八年頃に『分析論後書』を、『霊魂論』『自然学小論集』『詭弁論駁論』そして『自然学』を一一四〇年頃に、年代の推定が困難ではありますが『トピカ』や『形而上学』なども翻訳しました。ヤコブスの翻訳活動は、モン・サン・ミシェルに近いアヴランシュの市立図書館にオリジナルが保存されている『モン・サン・ミシェル修道院年代記』に記されています。ヤコブスが活動していた時期より一〇年ほどのちの修道院長ロベール・ド・トリニィは、一一二八年から二九年の項目の余白に、「数年前に」翻訳活動がおこなわれたことを記していますが、これは一一二五年頃のことであると推測されるのです。ロベールは、ヤコブスがこの翻訳を、より古い訳があるにもかかわらず実施したと述べていますが、グーゲネムによるならば、この「古い翻訳」が、よく知られているボエティウスの翻訳である可能性はいたって低いのです。そうすると、確認はされないが実はヤコブスの前にも、西ヨーロッパ内部でアリストテレスのギリシア語からの翻訳がおこなわれていた可能性を想定する必要がでてきます。実際、グーゲネムより三五年前にまったく同じタイトルの論文を著したコロマン・ヴィオラは旧モン・サン・ミシェル所蔵写本で、現アヴランシュ市立図書館所蔵の二二九番写本には、十世紀のアリストテレスの翻訳の一部が収録されている事実を指摘しています。

ギリシア語から翻訳されたアリストテレス写本の大部分はフランス、イングランド、ヴァティカンに見出され、その分布領域とみてよいと思われます。ヴァティカン所蔵のアリストテレス『自然学』のある写本は、ヤコブスの翻訳よりも古く、ある研究者はヤコブス自身がこのヴァティカン写本で、自らの翻訳を手直ししていると主張しています。もっともこの説には異論も出されていますが。スペインのサラマンカ大学が所蔵する十三世紀の『分析論後書』の翻訳は、ヤコブスの翻訳を下敷きにして一五〇カ所もの手直しがされているとのことです。ほかならぬスペインにおいてさえ、ヤコブスの訳が大きな影響力をもったということの証拠といえます。

第四章は「イスラームとギリシアの知」と題して、シリア人たちの翻訳活動によってイスラーム世界にもたらされた古代ギリシア哲学や科学が、真にイスラーム世界にもたらしたものは何であったか、これが四〇頁からなるこの章の主題です。グーゲネムの専門領域とセム語についての知識の限界から、この書物のイスラームやシリア、ペルシア、エジプトに関しての考察が史料そのものではなく二次文献、つまり欧米の研究書に依存する部分が大きくならざるをえないために、そこから歴史家にとって一種の居心地の悪さをどうしても感じてしまうのですが、そうした思いは第四章、第五章と章を追って募ってくるように思います。

さて第四章ですが、グーゲネムはまず、イスラーム教徒は古代ギリシアの知を根本的に異質なものとして相対《あい》したと力説します。これに対してヨーロッパのキリスト教徒は、新約聖書がそもそもギリシア語で書かれたということもあって、自らをその文化の後継者とみなす意識を一度たりとも捨てたことはなかったというわけです。すでにふれたように、アヴィケンナ、アヴェロエスなどイスラームの知的エリートはギリシア語に無縁であって、ギリシア哲学やギリシア科学に間接的にしか関わりえなかった。またイスラーム教徒の哲学を含んだギリシア科学の受容は極めて選択的であって、クルアーンの思想と抵触する思想の浸透は問題にもならなかった。例えばアリストテレスの著作でも、『政治学』や『ニコマコス倫理学』はほとんど無視され、翻訳さえされなかったといいます。

またイスラーム教徒の科学的知への開かれた態度の象徴としてよく引き合いに出されるバグダードの「智慧の館」、すなわち宗教の違いにもかかわらず、哲学や宗教の問題を研究し、討議する知的ユートピア「ベイト・アル・ハキム（智慧の館）」は結局のところフィクションでしかなかったと断じるわけです。この章での彼の議論のなかでもっとも大きな知的抵抗を覚えたのは、アラビア語の言語的特性についての考察です。少し長いですが引用しましょう。

セム語においては、意味は語の連なりの内部から、その音韻的構成と共鳴からほとばしり出るものであるのに対して、インド゠ヨーロッパ語では、意味はなによりもフレーズの組合せと文法構造から生み出されるものである。この区別は哲学にとって本質的に重要である。イスラーム以前のアラビア半島が詩人の土地であったのは偶然ではない。アラビア語はその構造により、詩作に素晴らしく適している。語はそれぞれ三つの子音を基礎につくられ、それがそれ以外の子音および三つの母音の助けで一体のものとして完成される。このシステムは音の繰返しを容易にし、調和的な効果を生み出し、子音の強弱システムがつくりだすリズムによって豊かにされる。アラビア語は言葉の語源的意味で宗教的である。この言語は、それだけにインド゠ヨーロッパ語の過去・現在・未来という時制システムに対して、アスペクト・システムで対照的である。後者は原初との連結意識を容易に醸成する。要するにギリシア語とアラビア語の二つの言語システム差異は、翻訳の障害になりこそすれ、容易にするものではなかった。そしてシニフィエは一つの言語からもう一つの言語に移されることで意味を変える危険につねにさらされた。

この章が内在させている議論の危うさを象徴的に示していると思われます。この種の言語構造の特性と、それを使用する話者のメンタリティの関連は、疑似学問としてわが国でもしばしば遭遇する議論です。これは証明不可能な設問で、学問世界の議論にふさわしい言説ではありません。この点はグーゲネムの議論にとって残念なことであると指摘しておきましょう。

この章の議論を要約しますと、イスラーム教徒はその宗教的ドグマによって、決してギリシア哲学の本質部分は受容できなかったし、それゆえそれを真に受容・消化したならば達成したかもしれないギリシア化した思想を獲得しえなかった。宗教的ドグマと並んで、アラビア語という言語の特性もまた、ギリシア思想を真に理解し、内面化するのを阻害する大きな要因であったと。そして次のように言います。

私はアラン・ド・リベラの意見に与しない。彼はイスラームがヘレニズムと一神教を最初に対決させたとするのである。西洋が理性や合理性を学んだのはイスラームからだというのは誤りである。

最後の第五章は「文明の問題」と題されています。このタイトルはただちにサミュエル・ハンティントンの「文明の衝突」論を想起させ、正直のところはじめからいささか重苦しい剣呑な気分にさせられます。

グーゲネムはこの章を、アイデンティティの問題から説き起こします。そしてまずアラビア文明とイスラーム文明とを区別し、アラビア文明とはアラビア語によって生み出されるもので、イスラーム文明とは、イスラーム信仰で刻印されるものである。アラビア文明には、キリスト教徒やアラビア半島の南端に住むシバ教徒、バグダードのグノーシス的なマンデ教徒などもいる。アラビア語話者ではないが、イスラームに改宗したペルシア人は、アラビア文明には属さないがイスラーム文明の人々である。またイスラームには改宗せず、土着の宗教を奉じ、その代わりに大守に貢納を支払う義務を負った部族世界(Dar as-Suhl)が存在した。このようなイスラーム支配のもとにある世界には、さまざまな断裂線が複雑に走っている事実を彼は指摘します。

ついで一転してヨーロッパ・キリスト教文明が、思想と宗教の本質的な点で、地中海的な起源をもつ文明であることを強調します。例えば古代ギリシア文明の土着性を主張し、それがヨーロッパ文明の「根」であるとする見方を否定する神話学者マルセル・ドゥティエンヌを批判し、文明のルーツ、根という観念の重要性をいうわけです。そしてこの文明の二つの知的革新としてのちのヨーロッパ文明に遺したのが、(1)推論が具体的な物ではなく、抽象的観念によること、(2)推論の妥当性が論証の内的一貫性に依存しているという認識論であったとします。ギリシア人だけが理性を用いたわけではないが、彼らは思考と世界の認識の道具として理性を利用した。こうした理性の使用は、政治討論の実践にみられる。古代ギリシアでは意見を戦わせ、論敵を屈服させる都市という公の空間を前提としていた。そこからギリシア精神の独自性が由来する。その精神は他者を批判し、自らの論を批判する自己批判という知的態度である。

こうした知的伝統はイスラーム世界にはなかったし、ギリシア的なるものとの接触によっても涵養されなかった。それはイスラーム文明にある外部からの文化的浸透の困難さにある。本質的な障害はクルアーンの法的・概念的篩《ふるい》にかけられ、そこを潜り抜けたものだけがイスラームにとって受容可能なものとされ、他は排除されたからである。それゆえ「文化交流」「文化伝達」といった観念を、中世イスラーム文明に期待することはできないのだ。翻訳によって伝えられるものに関しても、グーゲネムは悲観的であり、それはどちらかといえば誤読の源泉であり、真の理解にとっての躓きの石でしかないという。

そして、結局のところ中世のキリスト教文明とイスラームのそれとの間では、文化的交流は限界があり、対話は不可能である。キリスト教の「三位一体論」は、イスラーム教徒の目にはどう見ても三神論であり、それゆえキリスト教は多神論の宗教ということになる。文明は構造的に断絶したものであり、個人が異なる文明の間を、そのつど適応して潜り抜けることはできるが、文明それ自体は他に還元できない独自なものであり、自らの文明の作法に誠実である限り、他の文明には敵対的たらざるをえないのである。

結論は「アポロンの太陽が西洋を照らす」と題され、宗教としてのイスラームから、ヨーロッパはテクスト参照という点でも、神学議論の点でも何一つ借りたものはなかったことと、また結局古代ギリシア文化の真の受容があったかなかったかがキリスト教・ヨーロッパ文明とイスラーム文明とを隔てた要素であったと結びます。

結論のあとには三篇の短い付論がついていて、アリストテレスのラテン語訳写本一覧や、八世紀から十一世紀にかけてのアラブ人キリスト教徒著作家のリストなどの、いわば本書の議論の典拠をあげているのですが、付論一は「ヒムラーの女友達とアラーの太陽」という異様な標題をもっています。その内容はドイツのオリエント学者で、『アラーの太陽が西洋を照らす――われらがアラビア遺産 *Allahs Sonne über dem Abendland. Unser arabisches Erbe*』（邦訳『アラビア文化の遺産』）（シュトゥットガルド、一九六〇年）を著したジグリト・フンケ（一九一三～九九）の伝記的事実の暴露です。ヨーロッパ・キリスト教文明に対するイスラーム文明の優越性を強調したこの書物のフランス語訳は一九六三年以来版を重ねているとのことです。

このフンケが、大戦中筋金入りのナチ党員で、ハインリヒ・ヒムラーの友人であった事実を、記録をもとに明らかにしているのです。

出版後の非難と著者の主張

大変長くなりましたが、以上がシルヴァン・グーゲネムの『モン・サン・ミシェルのアリストテレス』の大まかな内容です。第一章から第三章までは、二次文献を多用しているとはいうものの、一応は問題の立て方、議論の対象と仕方は歴史学のものといえます。しかし第四章以下は文明批評に近いものです。面白くないことはないですし、未知の事実を教えてもらう面もあるのですが、議論は端的に学術的作法から離れた、明証性を欠いたものになっていきます。

冒頭に指摘したように、この書物は発売後しばらくして大きな非難の的になりました。イスラーム系の人々を大量の移民、あるいは労働者として擁しているフランスの国内政治上の課題の一つは、こうした人たちの宗教的、文化的、社会的背骨をなすイスラーム文明との対話なわけですが、この文明間の対話というスタンスに冷水を浴びせるグーゲネムの主張に、我慢がならない人々がいたことは想像するに難くありません。けれども非難する人々もいれば擁護する歴史家もおりました。共和主義者でカトリック史観で知られる中世史家アンドレ・ヴォシェはグーゲネムを支持しましたし、ジャック・ル・ゴフも、問題はあるが興味深い書物であると擁護しています。フランスの元老院(セナ)は六月に「フランス元老院が選ぶ二〇〇八年の歴史書」の一冊として、アラン・コルバンやミシェル・ヴィノックの新作と並んで、グーゲネムの『モン・サン・ミシェルのアリストテレス』を選んでいます。これはフランス・エスタブリシュメントからのグーゲネム支持の意思表明といえます。

このようにはなはだ政治化された著作になってしまいましたが、その責任のかなりの部分が著者にあることは否定できないと思います。イスラーム教徒がギリシアの知を受容することのアプリオリな不可能性や、イスラームとキリスト教文明の敵対関係の不可避性などの指摘、さらにはジグリト・フンケのナチ党員としての過去の暴露は、学問とは別次元の政治的プロパガンダですから、反対する人々のプロパガンダにさらされても文句をいう筋合いではなかろうと思います。

われわれにとって重要なのは、第一に事実として古代ギリシアの哲学、医学、数学などの著作が、ギリシア語からじかにアラビア語に翻訳されたのではなく、一旦シリア語に訳され、しかるのちにアラビア語に翻訳されたということ、そしてその担い手が主としてアラビアやシリアに住むキリスト教徒であったという事実の指摘です。

第二に――これがグーゲネムの著書の学問的な核心部分ですが――ローマ時代はむろんのこと、ポスト・

ローマ時代になってもギリシア古典文献についての関心は西欧内部で途切れることはなかったという主張です。ローマ時代にアリストテレスだけでなくプラトン、ユークリッドなどギリシアの智慧を体現する著作はラテン語に翻訳されませんでした。これらを読む必要がある者たちは、ギリシア語テクストを読めたからです。ローマ皇帝マルクス・アウレリウスがその『自省録』をギリシア語で記したのは有名です。また五世紀ローマの軍人アンミアヌス・マルケリヌスはギリシアの出身ですが、その著書『歴史 *Res gestae*』をラテン語で書き記しています。六世紀末のフランク国王キルペリクス一世は指令を発して、ゲルマン語の音を正確に表記できるように、都市の学校ではラテン・アルファベットに五つの文字を新たに加えて教えるよう定めましたが、この五文字はギリシア語のアルファベットでした。メロヴィング朝の宮廷即興詩人ウェナンティウス・フォルトゥナトゥスは、自らを古代ギリシアのオルフェウスに擬しています。

カロリング・ルネサンスの時代にも変わらず、古代ギリシアの学的賞揚の言説が飛び交います。アーヘン宮廷の詩人たちのなかには、ギリシアの詩人ピンダロスやホメロスを綽名として詩作をする者たちが少なくありません。パウルス・ディアコヌスはラテン語、ギリシア語、ヘブライ語の三言語を自在に操りました。自身はギリシア語の理解力は貧しかったものの、古代ギリシアが諸学の最高の殿堂であることを確実に認識していたアルクイヌスは次のようにシャルルマーニュに書いています。

もし多くの人々が、陛下の諸学への関心の素晴らしい目的に向かって邁進するならば、フランキア（フランク王国）に新しいアテネが出現するでありましょう。実により洗練されたアテネが。主キリストの教えにより高貴にされたこのアテネは、アカデメイアが学問で得た智慧をことごとく凌駕いたします。

この世紀の終わり頃のセドゥリウス・スコトゥスのギリシア語著作への精通ぶりや、十世紀のアリストテレス作品のラテン語訳の一部が、モン・サン・ミシェル修道院の集合写本のなかに綴じ込まれていた事実はすでに紹介しました。断片的ですが、西ヨーロッパ世界でギリシア語と古代ギリシアについての知識はほぼ途切れることなく継承されているのです。

これはグーゲネムが述べていないことですが、先にあげた文献学者コロマン・ヴィオラによればモン・サン・ミシェルでのアリストテレスへの関心の震源地は、おそらく同じノルマンディのベック修道院であったと思われます。ベック修道院の古い蔵書カタログは、この修道院がかつてボエティウスの訳したアリストテレスの著作をすべて所蔵していたことを証言しています。『モン・サン・ミシェル修道院年代記』にヴェネツィアのヤコブスによるアリストテレスの翻訳活動を書き込んだロベール・ド・トリニィは、モン・サン・ミシェルの修道院長になる前にベック修道院で修行を積んでいた人物でした。イタリア出身でカンタベリー大司教となったランフランクスと、同じイタリア出身のアンセルムスとは、前後してともにベック修道院で修道士として神学を学んだ仲でしたが、二人はアリストテレスの知的道具立てで洒落を交わしあったとされています。

こうしてみると、すでにベック修道院では一〇三四年の創建からまもなく、アリストテレスの著作へのアクセスが可能な環境にあったと思われます。ランフランクスやアンセルムスの到来にみえるように、この修道院がなんらかのとくにイタリアとの深い繋がりを創建の頃からもっていたのかは興味深いところです。

もう一つはアリストテレス哲学が神学的議論に要求されるような切実な教会政治上のコンテクストの生成もまた考えなければなりません。すなわち叙任権闘争と呼ばれる教皇権と皇帝権の熾烈な政治神学上の争いに、アリストテレス哲学が意味をもったのか、もしあったとすればそれはいかなるものであったかを問うことは、西欧でのアリストテレスの再発見の重要なポイントになるのではないかと私は考えています。

この論争から約一〇年後の二〇一八年に著者グーゲネムは日本語に訳せば『ギリシア人の栄光――ビザンティン帝国のローマ・ヨーロッパへの文化的な二、三の寄与について（十～十三世紀初め）』を出版しました。このなかで著者は前著で修道士ヴェネツィアのヤコブスがアリストテレスの作品を翻訳したのがモン・サン・ミシェル修道院においてであったと述べていましたが、この説を修正し、それを実施したのは彼がコンスタンティノープル滞在中であったとしています。なおこの書物の概要についてご関心のある向きは『西洋中世研究』第10号（二〇一八年）、二三八～二三九頁を参照くださると幸いです。

第十章　学知とその社会的還元

教授陣の水準でいえばフランス最高学府の名にふさわしいコレージュ・ド・フランスは履修する学生をもたず、一般の聴講者を相手に講義をおこなうフランス独特の学術・教育組織として有名ですが、その来歴と仕組について説明し、学術的知識の社会的還元のあり方について考えてみたいと思います。

国王教授団の創設

コレージュ・ド・フランスは一五三〇年に誕生しました。その誕生にあたって二人の人物が、産婆の役割を果たしました。一人はフランス・ルネサンスを代表する人文主義者ギヨーム・ビュデ、もう一人は時の国王フランソワ一世(在位一五一五〜四七)です。長年にわたるビュデの熱心な慫慂《しょうよう》と、時代の気風ともいうべきルネサンスの精神に共感した国王の、メッセナ、すなわち文化の後援者であることにより為政者が帯びるオーラをも考えたうえでの措置でもありました。文化復興先進国のイタリアでは、すでにメジチ家がその模範を垂れていました。フランソワ一世は国王即位の年(一五一五年)に、母親の実家であるミラーノ大公家の相続権を主張して、早速北イタリアを征服し、ミラーノ大公の称号も獲得したのです。彼にとってメッセナとしての君主という観念は、おそらく馴染みのものであったのでしょう。
こうしてコレージュ・ド・フランスの前身である「国王教授団 lecteurs royaux」という組織が生まれました。

ここで国王教授団の創設を促した知的・文化的潮流の文化史的意味を認識するために、少し脇道に逸れて思想の運動としてのルネサンスの性格をおさらいしておきたいと思います。

話はやや時代を遡ります。一二〇二年から〇四年にかけておこなわれた第四回十字軍が、本来の目的から大きく逸脱して、ビザンティン帝国の首都コンスタンティノープルを占領して、ここにラテン帝国(一二〇四〜六一年)を樹立した事件は、世界史の教科書にも出てきます。このおりの戦乱と略奪は大きな文化的破壊を帝都コンスタンティノープルにもたらしました。一二六一年このラテン帝国がパライオロゴス朝のミカエル八世(在位一二五九〜八二)の手で打倒されると、帝都のギリシア人学者たちは、破壊と混乱のなかで失われた古代ギリシアやヘレニズム時代の作品を、帝国のさまざまな地方を回って蒐集する活動を開始しました。これがイタリア・ルネサンスの遠い曙でした。第四回十字軍のコンスタンティノープル占領の仕掛人は、ヴェネツィア総督エンリコ・ダンドロであり、東地中海世界に商業覇権を確立しようとしていた新興勢力ヴェネツィアの目論見でしたから、ラテン帝国の建国はビザンティン世界とイタリアとの経済的・文化的結びつきを一層緊密にしました。

こうしてイタリア・ルネサンスに先立つ、いわばビザンティン・ルネサンスが西ヨーロッパにその知的息吹を伝えることになります。コンスタンティノープル占領は、多くのビザンティン人学者や聖職者のイタリアへの脱出、移動を引き起こし、ヨーロッパ東西間の文化接触の潮流をつくりだしました。この動きは一四五三年のイスラーム教徒オスマン・トルコの帝都占領により、さらに一段と広汎な脱出劇となって表れ、文化接触をさらに濃密にすることになりました。

さてこのような知的刺激のもとで生じたルネサンス、文化復興の特徴はどこにあったでしょうか。ヨーロッパの歴史において、これに先行して「十二世紀ルネサンス」と呼ばれる現象がありますが、これはアリストテレスの『自然学』に代表される哲学、論理学といった抽象思考の革新に目新しさがありました。しかし、初期イタリア・ルネサンスの特徴は、テクスト批判を眼目にした知的覚醒でした。古代の哲学者やその著作を正しく理解すること、もっと細かくいえば、作品を文法と言葉の意味に即して正しく解釈することでした。いうなれば「文献学のルネサンス」です。神の言葉である聖書を精確に解読することも、そうした動きの一部であったのです。十二世紀ルネサンスが哲学ルネサンス(Philosophical Renaissance)とすれば、十三世紀のそれは文献学ルネサンス(Philological Renaissance)であったのです。そしてイタリア・ルネサンスの息吹を呼吸したフランス・ルネサンスもまた、類似の特徴を帯びたことは自然な成り行きでした。「言葉」の解釈を根幹とするこの時代の知的昂揚の典型というべき例を一つだけあげます。それはロレンツォ・ヴァラ(一四〇七～五七)による『偽コンスタンティヌス大帝寄進状』暴露事件です。この寄進状は今でこそ贋作であることが常識となっていますが、それはヴァラがこのことを論証した賜物なのです。それまで長く本物と信じられ、ローマ教皇庁が都市ローマを統治する歴史的・法的根拠とされてきていたのです。コンスタンティヌス大帝は、西暦三一三年にミラーノ勅令を発布してキリスト教の布教を公式に認めたローマ皇帝として歴史上有名です。その皇帝はまた当時の教皇シルウェステル一世（在位三一四〜三三五）に、都市ローマのみならずイタリア半島、西ローマ世界全体の統治権を認める内容の寄進状を与えたとされました。ヴァラはラテン語の歴史的変化に関して、卓越した学殖の持主でした。彼はラテン語で書かれたその寄進状を言語学的に詳細に分析し、統辞論（シンタクス）と意味論（セマンティクス）の観点から、それが四世紀初めのラテン語ではなく、八世紀終わり頃のラテン語で書かれている事実を論証しました。つまり寄進状は後代の偽作であったのです。これは古典文献学の輝かしい成果でありました。

フランソワ一世が人文主義者ギヨーム・ビュデや、自分の姉でラテン語はおろかギリシア語、ヘブライ語まで理解し、傑作『ヘプタメロン（七日物語）』を書いた大才媛のナヴァール王妃マルグリットの強い勧めでコレージュ・ド・フランスの前身である「国王教授団」を創設した時代の知的様相は、印刷術の発明でさまざまの書物が普及し始めた、ヨーロッパ文字文化の揺籃の時代の姿でした。

もう一点簡単に指摘しておかなければならないのは、当時の最高の教育機関であったパリ大学との関係です。パリ大学は教会機関の一つであり、教皇庁の監督のもとに置かれていましたから、正統教義に反する思想や聖書解釈を教えることは禁じられていました。教会の政治的意向や知的統制を快く思っていなかったフランス王権にとって、教皇権の容喙《ようかい》を受けない知的活動の場を育成することは政治・文化戦略上も重要であったという事情があります。コレージュ・ド・フランスのモットーである「Docet omnia（すべてを教授すべし）」は、まさしく「講義内容についてはいかなる制約も受けない」ということの表明なのです。

コレージュ・ド・フランスの特徴

このようにしてのちのコレージュ・ド・フランスの前身となる「国王教授団」が一五三〇年に発足しました。最初につくられたのは六講座で、三講座がヘブライ語、二講座がギリシア語、一講座が数学でした。これらはいずれもパリ大学では教えられていないか、授業があったとしても非常に手薄であったのです。数学の教授はオロンス・フィネで、最初のフランスの印刷地図をつくった人物で、六〇進法と幾何図形の関係を考察したとされています。ギリシア語は人文主義者たちが理想とした自由な思索の故郷古代ギリシアの哲学や文学、宗教を読み解くために、そして何よりも新約聖書を原典から読むためには必要な語学でした。そしてヘブライ語はいうまでもなく旧約聖書がもともと書かれた言葉であり、旧約聖書を正しく理解するためには必要な言語でした。ギリシア語とヘブライ語の教授に重きを置いたことは、この時代の知的・宗教的潮流を物語っています。イタリア・ルネサンスが知的な領域では、言語と文献学のルネサンスであったと述べましたが、そのことはこうした国王教授団の講座編成に端的に現れているといえます。

もう一点重要なことは、それまでラテン語の翻訳で解釈してきた新約聖書と旧約聖書の解釈を、原典の言語であるギリシア語とヘブライ語のテクストにじかにあたって理解しようという動きが強まったことです。よく知られているように、旧約はヘブライ語から『七〇人訳聖書』としてギリシア語に訳されました。四世紀の学者聖ヒエロニュムスが新・旧のラテン語公定訳(ウルガタ聖書)をつくり、それが教会の正典(カノン)とされてきました。教会当局は教会が唯一規範としたウルガタ聖書を無視して、原典で旧約、新約の聖書を読み解釈することを嫌い、それがために意図して大学でのヘブライ語やギリシア語の講義をおこなわせなかったのです。

聖書の言語の講座を新設のコレージュの看板としたことは、フランソワ一世の教会に対する対応を示すと同時に、コレージュの知的性格の原点をよく物語る事実です。つまり、「すべてを教授すべし docet omnia」という精神です。

こうした知的探究における独立不羈《ふき》の精神とは裏腹に、国王教授団は自分たちの施設をもっていませんでした。当座はソルボンヌの一部を借りて講義をおこなったのです。彼らの給与は国王の財政により賄われ、新しい教授は教授団の推薦のもとに国王を任命権者としていました。この伝統は現代でも引き継がれ、新教授の任命は国家元首である共和国大統領によりおこなわれ、新教授のエリゼ宮への表敬訪問は重要なプロトコールになっています。二〇〇九年に他界したコレージュ・ド・フランスの人類学講座教授であったクロード＝レヴィ・ストロースが百歳になったおり、サルコジ大統領(当時)がお祝いに教授の自宅を訪問したという報道がありましたが、これはコレージュの教授と国家元首との歴史的関係に由来する儀礼といえましょう。欧米では引退教授(Prof. Emeritus)という呼名はありますが、七十歳で引退し名誉教授と称するのはコレージュの教授だけです。彼らは歿するまで研究室を使い、秘書を使い続ける特典を与えられています。

コレージュのもう一つの重要な特徴は、特定の学生というものが存在しないという点です。大学は中世では教師と学生が構成するギルドであり、大学という呼名の元になった Universitas は正確には「Universitas magistrorumque studiorum(教師と学生のギルド)」と称していました。これに対してコレージュという組織には、学生というカウンター・パートはいません。ただ聴講する聴講生がいるだけなのです。

話をもとに戻しましょう。コレージュ独自の建物の建設はアンリ二世やアンリ四世の時代に構想がつくられたり、建設に着手されたりしたのですが、さまざまの理由でなかなか実現せず、近くの大貴族の館や、ソルボンヌの学寮に間借りする事態が続いたのです。ルイ十五世(在位一七一五〜七四)の時代には講座は二〇に増え、そのうえ国王図書室の蔵書の寄託を受けていたために、独自の建物がないことで非常に手詰りの状態になっていました。ようやく一七七〇年になって国王府施設の総監督官を務めていたラ・ヴリエール公爵が財源を調達し、有名な建築家ジャン゠フランソワ゠テレーズ・シャルグランに設計を依頼し、七四年に建設が開始されました。シャルグランはのちに凱旋門の設計で名を馳せることになります。翌一七七五年に建物は完成をみたようです。それが現在コレージュ・ド・フランスの本拠であるマルスラン・ベルトロー広場一一番地の建物です。ちなみに一九九二年に大改築が開始され、それ以前とは随分変わりました。二〇一二年に改築作業が完了しました。

さて当初三学科、六講座で発足したコレージュは、その後ラテン雄弁学、医学、東方言語としてアラビア語、ペルシア語、トルコ語などの講座が新設されました。アンリ四世(在位一五八九〜一六一〇)は植物学と天文学を、ルイ十三世(在位一六一〇〜四三)は教会法とシリア語の講座を新設し、コレージュ・ロワイヤルと改名しています。十九世紀になると有名なところでは実験物理学の講座に「アンペア」の由来になったアンドレ゠マリィ・アンペールが、考古学講座にエジプト象形文字の解読者ジャン゠フランソワ・シャンポリオンなどの名前もみえます。一九二七年にノーベル文学賞を受賞した哲学者アンリ・ベルグソンは、とくにパリの女性たちの憧れの的で、講義には毎回多数の女性が詰めかけ、席を確保するのは大変だったということです。有名な話ですが、まだ名誉教授として存命中なので名前は伏せますが、一九八〇年代の初めのこと、ある新任の教授は一般に名前が知られていなかったために、初めの頃の聴講者は奥さんを入れても両手の指で数えられるほどの聴衆しかいなかったのが、あるとき立錐の余地もないほど人があふれ返ったことがあるそうです。不思議な落ち着かない気持ちで授業を終えたのですが、あとで聞くと彼の次にその大講義室を使う教授は哲学のミシェル・フーコーで、その聴講者たちが席取りのために、一講義前から詰めかけたというのが真相でした。近代文明史講座のフェルナン・ブローデル、中世社会論のジョルジュ・デュビィの講義なども大変な盛況ぶりでした。日本に関しては日本文明講座をベルナール・フランク教授が一九七九年から九六年まで担当しましたが、それ以後はありません。これに対して中国関係は近代中国史と中国思想史関連の二講座があります。

講座と教授の選定

コレージュはこれまでみてきたように講座単位で構成されていますが、これは永続的なものではありません。ある教授が定年で講義から退きますと、その講座は消滅し、新たな講座が建てられます。全部で五二講座と定められていて、空きの講座がない限り新しいものはつくられません。欠員ができると新しい講座をどのような専門分野にするかが教授会の議論で決められます。この決定については、その時々の学問の流行や文化的趨勢《すうせい》、社会的要請、飛び抜けた力量の学者の存在といったさまざまな要素が複雑に絡み合って決まります。講座内容が決まると、官報(Bulletin officiel)でこの講座が空席であることが告知され、候補者が募られます。この際、候補者になるためにはいかなる資格、学位も求められません。その人物の力量と独創性だけが重要なのです。教授会の投票により決定し、所管大臣の教育研究技術大臣がその結果をフランス学士院の関連アカデミーに諮問し、その承認を経てフランス共和国大統領が任命するというのが、一連の流れです。

すでにおわかりと思いますが、誰が新任の教授になるかという点で決定的に重要なのは、いかなる学問の講座にするかです。講座の中身が決まってしまえば、その分野でフランスのナンバーワンが誰であるかは、学術世界では世評が決まっているからです。そのために、コレージュの教授会が、新設講座を何にするかで議論をしている間、われこそとその椅子を狙う学者は、教授会メンバーを説得するために、売込みのための戸別訪問を盛んにおこないます。これは別にスキャンダルでもなく、人物判定の格好の機会ですから、食事をともにしての会談をするのが普通です。学問はできるが偏屈で偏った性格では同僚としても困りますし、教授団の世評を落とすことになりますから、これは食事をしながらの真剣勝負ということになります。

一例をあげましょう。フランスの卓越した中世史家でマルク・ブロックという学者がいました。彼の著作の多くが日本語に翻訳されていますが、彼はコレージュ入りを熱望していました。一九三三年に空き講座ができると早速運動を開始しました。講座名は「ヨーロッパ社会の比較史」というものでした。そしてコレージュの教授たちの間を回り、支持を取りつけようとしましたが、結局成功しませんでした。一般の風潮と同じく、当時のフランス学界にも反ユダヤ的空気が強まっていて、祖父の代までアルザス地方のユダヤ世界に生きていたブロックは、その煽りを受けたのでした。その後、彼はソルボンヌの教授になりますが、ヴィシー政府の反ユダヤ法によって大学を追われ、レジスタンスに参加し、ゲシュタポに逮捕され、終戦の三カ月前に五十八歳でリヨンの郊外で銃殺されました。すでにコレージュ入りしていた年長の友である近代史家リュシアン・フェーヴルとの往復書簡から、新講座創設においてどのような学界政治の力学が働くかのデリケートな問題が詳細に読み取れます。

教育内容と組織

さて、それではコレージュの教授はどのように教育をおこなっているかを、見てみたいと思います。教育の負担について申しますと、実験室のあるような講座の教授は、年間講義回数が一八回、そうでない講座の担当教授は二六回の講義が求められます。講義時間は一時間ですから、前者は一八時間、後者は二六時間ということになります。そのうち半分は、教授自身が講義しなければならないと定められています。言い方を変えると、講義負担のミニマムはそれぞれ九時間と一三時間ということになります。それを越える時間はゼミナールでも、外部の専門家を連れてきての特殊講義でも、よいわけです。講義のテーマは自由に決められますが、あらかじめテーマを記載した講義予定リストが教授会に提示され、投票によって承認を得なければならない仕組になっています。

講義に関してはコレージュが誇りとする絶対的な条件があります。それは教授在職中二度同じ内容の講義をすることが許されないというのが、鉄の規律となっていることです。哲学の教授としてコレージュに在籍していたモーリス・メルロー＝ポンティは、ここは「獲得された真理ではなく、自由な研究の着想を講ずる」機関であると述べています。文系の教授であれば、執筆中の研究・著作をその進展に即応して紹介するのが普通です。彼らは聴衆の反応や、質問を鏡にして、考えを練り上げ、草稿に推敲を加えてよりよい作品に仕上げる得難い機会にするわけです。なぜなら聴衆には、ある特定の問題や情報について、講義をしている当の本人よりも通暁している人物が必ず出席しているからです。このことは私が個人的に知っている何人かのコレージュの教授から言われたことです。ヨーロッパは小さい地域ですから、出張でパリを訪問していてたまたま講義に足を運ぶ大家も少なくありませんし、アメリカからの同学の研究者は、引きも切らず研究や事務出張で訪れています。ですから一見授業負担が少ないようにみえますが、毎授業を最高レベルで維持するのは大変なことです。

こうした講義は多くの場合、数年後には一冊の著作として世に問われるのが普通です。そしてその多くが、当該分野でのインパクトある著作の位置を占めます。クロード・レヴィ＝ストロース、レイモン・アロン、モーリス・メルロー＝ポンティ、フェルナン・ブローデル、ピエール・ブルデュー、ジョルジュ・デュビィ、ミシェル・フーコー等々、日本でも多くの著作が翻訳されている教授たちの名前があげられます。

教授会を統括し、議長となるのは理事長です。コレージュは基本的にフランス革命の大嵐をさほどの変化を被ることなく潜り抜けました。王制の廃止によって「国王教授団」から、「国家教授団」、すなわち「コレージュ・ド・フランス」になりました。この機関を代表する役職名が学長ではなく理事長という名称であるところが、この学術機関の性格と位置づけをよく物語っています。なんといっても正規の学生というのが存在しないところが、他の高等教育・学術機関とのもっとも大きな違いです。理事長は教授会で選出されますが、理系の教授が理事長になった場合、副理事長は文系から選ばれます。文系から理事長が選ばれますと、副理事長は理系となります。一九九〇年から、教授会の上位の機関として参事会が創設され、その構成は理事長、教授会選出の九名の教授、事務職員の代表一四名、外部有識者四名というものです。この参事会は、特定分野の問題に関して、教授会の議事に諮られる前に、意見の具申をおこなう組織です。

教授会は十一月、三月、六月の三回開かれ、必ず日曜日に開かれるのが慣例です。教授会メンバーがミサに出席できないようにする措置です。これは学問世界の脱宗教化が進行した十九世紀からの慣わしです。ソルボンヌにある高等研究院(EPHE)は教授会開催の回数はもっと多くなっていますが、同じ理由で必ず日曜日に開催されます。六月の教授会は一年の締括りとなる会議でさまざまな問題が論じられますが、このおり各教授が実際におこなった授業の回数が、事務局長により読み上げられるのが慣わしです。

聴講生と話法の問題

コレージュには学生がいないといいましたが、どのくらいの聴講者が数えられるものでしょうか。コレージュ・ド・フランスが出している最新の数字は、年間ベースで延べ一五万人です(二〇〇八年ベースで)。常識的にみて、一講義当りの受講者の数字は大小あるでしょうし、相対的に文系の講義は理系の講義よりも多くの聴衆を集めるに違いありません。非可換幾何学のアラン・コンヌ教授の講義よりも、中世フランス文学の講義の聴講生が多いことは容易に予想されます。

大学であれば、学生は単位制で縛られていますから、多くの場合必ず一定数の学生が受講者としているわけですが、そうした下支えがないフリーの受講者のみで構成されている場合は、先にちょっと引き合いに出したように、受講者は奥さんだけ（それも奥さんが協力的であるのが前提ですが）ということになります。むろんこれはやや戯画化されたエピソードです。

反対に、ヨーロッパ講座というフランス外の研究者をコレージュの教授に一年任期で任命する講座で、『薔薇の名前』の作者で、ボローニャ大学のウンベルト・エーコを招いたことがありましたが、就任講義は大変な数の聴講者が押し寄せ、マルグリット・ド・ナヴァール講堂は最大五〇〇人を収容できるのですが、あふれ返って、別の二つの大講義室を開放してテレビ中継して凌いだこともありました。ついでに申せば私が二〇〇一年五月に一カ月招聘教授として講義したおりも、最初の講義がノーベル経済学賞を受賞したばかりのケンブリッジ大学のアマルティア・セン教授の講義と重なり、聴講生が少なくなってしまったことが苦い思い出です。

聴講生の社会的分類としては、特別な事例ですが社会学者で哲学者のレイモン・アロン教授が、有名なカール・フォン・クラウゼヴィッツの『戦争論』を分析する数年にわたる講義は、多くが制服軍人の聴講生で占められたといわれています。その講義をもとに、アロンは『戦争を考える――クラウゼヴィッツ』と題する二巻本の優れた分析の書を一九七六年に出版しました。

おそらくこの種のその時点でスポット・ライトを浴びている学者が、一回限りの、あるいはエーコのように一定期間講義を担当するような場合だけに、コレージュに足を運ぶ層もいるでしょう。しかし多くは、定期的に通う受講者のようです。これには学生、大学院生、同学の研究者などの、いわばアカデミアの聴衆がかなりの数を占めているのは確かです。もう一つは主婦や定年で現役を退いた年金生活者です。このグループは、おそらく日本でいえば種々のカルチャー・センターに通って受講している層に対応していることでしょう。しかしフランスの聴衆が耳を傾ける対象は、格段に違うといっても日本でこの種の企画の講師として、講演講義をした人間を侮辱したことにはならないでしょう。なぜなら誰しも経験があるように、わが国ではこの種の講演に高い学術的内容を盛り込むことを、企画する側から制約されるからです。一般聴衆には理解が難しいというのがその理由です。それは特殊な言葉遣い、特別な概念を用いるからであるからなのでしょうか。そうであるならば、この点を配慮して予備的な解説をおこなえばよいし、なぜその問題を取り上げるか、聴衆がなぜそんな世界に連れられていかなければならないのかわからないならば、その問題を扱ううえでの背景説明をすればよいのではないでしょうか。

私はむしろ誤解を恐れずにいえば、「スノビズム」への抜きがたい嫌悪・反感が根底にあるように思います。日常的な感覚の延長線上にはない、優れて抽象性の高い問題や議論にコミットしている自分を発見して感ずる、居心地の悪さ、そうした自分を疎ましく思う感性、そんなものがあるように思えるのです。そうした感覚は他面では好ましく思えるところもないではありませんが、知的成長にとってはやはり障害でしょう。

コレージュの講義を聴講する人々が、皆そろって高い水準の知性の持主であるわけではありません。しかし見たところ、素直に天上界のものとも思える高度に知的な議論を咀嚼《そしゃく》しようとし、そうした自分を全面的に受け入れている印象があります。彼らにとって有利なのは、世界的に超一流の人々が講義で用いる話法が、特殊な話法ではなく、彼らが職場で日頃仲間とコミュニケーションに用いる話法と変わらないということで、これは大きな要素です。概念や用語は解説されればわかりますが、話法の違いは心理的に拒絶感を引き起こし、乗り越え難い障壁として作用するからです。

話法の問題とどこかで繋がっていると思いますが、わが国では考える作法を中等教育レベルで学んでいない、鍛えていないというのは重要な問題です。中学生であれば、「哲学」の基礎は十分に理解できる知性、知的能力を具えているのに、事実を詰め込むだけで、考える基礎的な訓練を施していません。訓練をしなければ、適切な思考はできないということをもっと認識すべきでしょう。十四、五歳の頃が思考の訓練に好適な時期であるのに、知識、それも悪い場合は断片的な知識を蓄積するような頭の働き方しかさせていないのは、随分惜しいことだと思います。

高度な知への自発的なアクセスを前提とする、コレージュ・ド・フランスのことから聴衆の存在論にまで話が広がってしまいました。しかし、学知の社会的還元というとき、受け手としての聴衆の問題はその文化圏における「知」のあり方を照らし出す重要なファクターであると思います。

第十一章　十九世紀フランスの歴史学と歴史教育

歴史学研究で隣国ドイツに遅れをとったフランス歴史学が、隣国に学びながら「方法学派」を生み出すも、第一次世界大戦後の歴史家世代によって批判されましたが、その方法と思想を精緻に分析するならば、的確な歴史認識論によって支えられていたことがわかります。

史料批判の展開

この章の題名からもおわかりいただけると思いますが、主題は大まかにいって二つです。一つは歴史学そのものの発達史のなかでの十九世紀の意味づけ。もう一つが、大学における歴史研究とその教育の実践の意味づけです。おおよそ議論すべき問題をこのように大きく括って、まず、ごく簡単にヨーロッパにおける歴史研究（歴史叙述ではありません）の近代以降の流れを押さえておきたいと思います。

歴史研究の近代化という点で重要な事件としてしばしば引き合いに出されるのは、十五世紀イタリアのラテン語学者ロレンツォ・ヴァラ（一四〇七～五七）がいわゆる『コンスタンティヌス寄進状』が偽書であることを論証したことでした。『コンスタンティヌス寄進状』とは、キリスト教を公認した四世紀初めのローマ皇帝コンスタンティヌス大帝（在位三〇六～三三七）が、時のローマ司教（すなわちローマ教皇ということですが）シルウェステル一世（在位三一四～三三五）に与えた寄進状であり、それによって教皇は都市ローマの領有権だけでなく、イタリアはおろか西ローマ世界全体の支配権と、東方の四大主教座であるアンティオキア、アレクサンドリア、コンスタンティノープル、イェルサレムに対する教会監督の優位権を認めるというはなはだ重要な内容をもった文書です。それは中世を通してローマ教皇の都市ローマ支配の根拠となり、東方教会への宗教的・政治的優位を正当化するものでした。ヴァラはそのぬきんでたラテン語学者の知識を動員して研究し、この文書のラテン語が四世紀ではなく、八世紀終わり頃のラテン語で書かれている事実を突き止め、偽書であることを明らかにしたのです。彼は古代ローマ以来のラテン語のシンタクス（統辞論）の時代的変化や意味の変遷について膨大な知識をもっており、『コンスタンティヌス寄進状』が七〇〇年代後半のラテン語で書かれていた事実をフィロロジカルに論証しました。文献学の知見による史料批判の先駆的業績といえます。

もう一つの重要な事件は、ヴァラの死から二〇〇年ほどのち、フランスのサン・モール会士ジャン・マビヨン（一六三二～一七〇七）が著した『文書の形式について *De re diplomatica*』の出現です。一六八一年のことです。サン・モール会は一六二一年にパリのサン・ジェルマン・デ・プレ修道院に設立されたカトリックの学僧団体で、神の業を歴史的に検証することを目的に組織されました。マビヨンの最大の業績は、メロヴィング王朝のものとされながら、真贋論争の絶えなかった三十数点の国王文書原本が真正文書であることを論証したことでした。ルネ・デカルトの『方法序説』の思想的な影響のもと、真と偽の弁別の理路を文書の真贋判定に適用した『文書の形式について』は、中世文書のさまざまな様式面の批判基準をはじめて確立した書物でした。有名な中世史家マルク・ブロックはこの書の刊行のことを、「人類の精神史における真に偉大な年である」とまで言っています。しかしこれはマビヨンだけのことではありませんでした。十七世紀は何事にも懐疑の目を向ける、批判精神が横溢した時代でした。マビヨンとほぼ同時代人であったオラトリオ会士リシャール・シモンは、旧約聖書と新約聖書の批判的研究を著し聖書批判の確立者となっています。

二、三の例をあげただけですが、十五世紀から十八世紀までの歴史研究の発展は、主としてこれらにみられるように、歴史記述の基礎になる史料批判とこれに基づく史料編纂面での進歩であったといってかまわないと思います。歴史叙述や、歴史理論の分野での達成ではないのです。この点を強調しておきたいと思います。

十七世紀と十八世紀のヨーロッパではこうした批判精神の潮流に乗って、聖俗の大規模な国民的史料編纂がおこなわれました。ベルギーのイエズス会士(彼らはボランディストと呼ばれます)は、全六八巻の『聖人伝集成 *Acta Sanctorum*』(一六四三年)を、フランスではマルタン・ブーケが『フランス歴史家集成 *Recueil des Historiens des Gaules et de la France*』(一七三八〜六七年)全一一巻を編集し、イタリアではムラトーリが『イタリア叙述史料集 *Rerum Italicum Scriptores*』(一七二三〜五一年)全二八巻を、スペインでは『スペイン教父集 *La España Sagrada*』(一七四七〜一九一八年)全五八巻が約一世紀半を要して完成しました。これらの事実は、ロレンツォ・ヴァラに始まり、十八世紀までのヨーロッパが歴史学のうえで、基本的にどのような特徴をもった時代であったかを示しているといえます。

大学における歴史教育

それでは大学での歴史教育に関してはどうであったか、ということですが、この点についてはイタリアの古代史家で、史学史の大家でもあったアルナルド・モミリアーノが一九八五年に著した興味深い論文があります。これは「学問分野としての「歴史」の創設とその意味」と題する論文です。モミリアーノがおこなったヨーロッパ諸国についての調査によると、「歴史」の教科が大学を含めて高等教育機関で教授されるようになったのは意外に遅いのです。その理由はまだ十分解明されているとはいいがたいのですが、当時にあって教科としての「歴史」を性格づけるのが困難であったところに一因があるようです。歴史を理解するには、法学などとは異なり特別の技術的訓練が必要とされないのです。その意味で、大学で教授するにはあまりに簡単な内容であり、極論すれば常識の延長線上にある知識との評価が、大学を含めての高等教育機関で正課とされなかった理由であろうとモミリアーノは考えるのです。中世以来多くの歴史記述を生んだイタリアでは、大学の歴史専門の教授ポストがつくられたのは十八世紀末になってからであるということです。イギリスはこれより早く、オクスフォード大学で古代史のキャムデン講座が創設されたのが一六二二年であり、ケンブリッジ大学は一六二七年です。この二つの大学はともに一七二四年にモーダン・ヒストリー、すなわち中近世史の欽定教授ポストを創設しました。フランスではコレージュ・ド・フランスに「歴史と倫理」という名前で歴史関連の講座がはじめてつくられたのが一七七五年で、パリ大学に古代史と近代史の教授ポストが創設されたのは、それぞれ一八〇八年と一八一二年のことでした。

こうしたヨーロッパ諸国の歴史教育の趨勢《すうせい》のなかで、高等教育のなかで歴史の授業を重視して、いち早く専門の教授ポストを創設したのはドイツでした。ドイツ最初の歴史の教授はマインツ大学のベルンハルト・シェファーリンであり、一五〇四年のこととされています。モミリアーノによれば、その理由は当時のドイツの君侯や貴族が、歴史は未来の公僕の教育にとって有益であると信じたからであるとされます。ドイツの大学がその数を増やすにつれて、歴史家は修辞学や法学そして歴史的議論で体制を支えるのに有用な人材として、引く手数多《あまた》になったとされます。ドイツでは歴史教育に寄せられた独自の期待から、歴史はさまざまの学問分野と連携して教授されました。例えばイェーナ大学では、歴史は倫理学と組み合わされましたし、ハイデルベルクやロストック大学では詩学と組み合わされました。こちらは実質的に文学史という内容の講義になったと思われます。だがもっとも重要な教育プログラムはヘルマン・コンリングによるヘルムシュテット大学で実践した講義でした。彼は大量のドイツ史料を読み込み、理解しており、また当時のドイツの支配層にとって効果的な歴史教育が何かについて明確な認識をもっていました。それは歴史学と法学との結合です。コンリング以後ドイツでは歴史家は法学者でなければならず、法学者は歴史家でなければならないというのは、周知のモットーになったのです。ドイツにおいて法史学の発想が深く根を下ろすきっかけとなりました。

十九世紀フランスでの歴史学

ここで目を十九世紀フランスに向けることにいたします。先に紹介したように、パリ大学に歴史学の教授ポストが設けられたのは一八〇八年以後のことでした。その二年後にポワティエ大学に同様に歴史学の教授ポストが新設されました。フランスではこのように十九世紀の幕開けとともに大学における歴史教育が開始されたのです。この時代は一七八九年のフランス革命に始まる政治的変動の波に洗われた時代でありました。ナポレオン帝政、王政復古、二月革命、第二帝政、第三共和政と政治体制が目まぐるしく入れ替わる不安定な社会状勢がほぼ一世紀にわたって続くことになりますが、その過程で、しばしば今日までフランス人の思考を二分している二つの大きな政治・歴史意識が結晶化されます。すなわち共和派的歴史観と王党派的歴史観です。フランス革命に対するスタンスが、今でもフランス人の政治的教養の土台をなしており、この二つの歴史観は、さまざまなバリエーションをともなって基本的に十九世紀の歴史家たちの思想的・政治的対抗関係をつくっていきます。

さて、フランスでは第二帝政の中頃の一八六〇年代に、革命の昂揚の名残りを引きずった政論風の歴史叙述やジュール・ミシュレに代表されるロマン主義的歴史認識が沈静化し、より冷静な歴史研究と教育の兆しがでてきます。それをもたらしたのがドイツ(プロイセン)の歴史学への、フランスの歴史家たちの傾倒でした。この傾向は普仏戦争(一八七〇〜七一年)でのフランスの敗北と、一八七六年に創刊された『歴史学雑誌 *La Revue Historique*』に結集した歴史家たちの功績でした。『歴史学雑誌』の創設者やこの流れを汲む歴史家は、「方法学派」と呼ばれ、歴史的構築を素朴に信じ、事実性への単純な信頼のゆえにしばしば

「素朴実証主義」と揶揄《やゆ》され、また国民的栄光の賞揚や政治感覚の未熟、植民地主義へ妥協的な姿勢もあって、のちにアナール派の直接的批判の対象となり、克服すべき時代遅れの学派とみなされたことはよくご存知の通りです。

しかし、この方法学派が歴史学を先導した時代に、フランスの歴史学が学問として、また大学教育の面で確固たる基盤と伝統をつくり、大学に立脚点をもった職業歴史家をつくりだしたのです。加えてブロックやリュシアン・フェーヴルらが彼らの学問の限界として批判した「実証主義」という概念について、最近の史学史研究は、オーギュスト・コントが極めて目的論的な含意を込めて用いたこの用語は、彼らの学問を正確に表現していないとして使用を控えるべきで、それに代えて「方法学派」と称すべきであると提案しています。このように若い世代の近現代の専門家は、方法学派の評価を全面的に再検討すべきであると主張していることを付け加えておきます。

以下では、方法学派の思想と、それがフランスの大学における歴史教育に何をもたらしたかを、見てみたいと思います。

ドイツに学ぶ大学のあり方

一八四二年に生まれ、高等師範学校を出てのちにソルボンヌの近代史の教授となったエルネスト・ラヴィスは、大学の教育改革に熱心に取り組んだ人物ですが、一八七九年の『フランスの高等教育――現状と改革計画』のなかで次のように述べています。

私はパリ大学文学部の大講義室の講壇の高みから、次のような光景を目にした。すなわちこの学部に属する一人の給費学生が、二人の従僕の隣にいて、御婦人方は最前列の席を占めていた。従僕たちは椅子に腰を掛けているのに、くだんの給費生は立ったままであった。

彼は当時のソルボンヌがおよそ学問の場には似つかわしくない、社交の場、当代一流の教授の弁舌を楽しむ場とみなされていたことを批判的に描写しています。これに対して、留学生として過ごしたドイツの大学は次のように描写されます。

大部分の助手の鼻には眼鏡が鎮座ましましていて、髪型は子羊のようなモシャモシャ頭から、ラファエロ風の巻き毛までまちまちであった。ここでの野心はモードの最先端を行くことではなかった。そこでは最近一五年間のモードのほぼ完全なコレクションを見せるという不運をかこつことであった。

フランスからドイツに留学した若い大学人は、衣服や髪型に頓着せず、貧しいなかで燃えるような情熱で学問に取り組む隣国の同僚の姿に、ひとしなみに強い感銘を受けました。とくにフランス人学者にとって印象的だったのは、教授と学生との間に育まれる一体感、団体意識であったようです。のちに方法学派の重鎮となるシャルル・セニョーボスは、自らの見聞に基づいて次のような認識を述べています。

ゼミナールがドイツでは歴史家の正真正銘の学校だ。ある教授の学生であるということは、その講義に出席していることではなく、そのゼミナールに通い続けているということである。まさしく現代の歴史教育のための真の措置はゼミナール制にあるというべきである。

ゼミナールは教授の自宅でおこなわれ、ゼミナールが終わると参加した学生は揃って酒場に繰り出し、教授の指導を受ける仲間としての友愛の絆を育むのですが、ゼミの効用はこうした学生間の交流を促進するだけでなく、より重要なのは批判的思考と方法の作法を身につける場であるとセニョーボスは述べています。

ドイツの大学人の職業的なキャリア・パスの仕組もフランスの歴史家の関心を寄せるところでした。「大学での講義は博士号の学位論文を提出し、同僚から私講師(Privat-dozent)としての資格を認められた者が許される。講義担当者になれるのは、教育と研究出版物の水準によって同僚の眼鏡に適った者だけである。ドイツでの見方は、学者の名に値するのは、自らの個人的研究によって学問を前進させた者だけであり、大学では学者でない限り一人前と認められるべきではない」とされます。

こうしたドイツの状況に対して、彼らはどのような眼差しで自国の大学の歴史教育を見ていたでしょうか。ラヴィスの感想はすでに紹介しました。のちに『歴史学雑誌』を仲間とともに創刊したガブリエル・モノーはこう言っています。

ドイツは巨大な歴史学の研究所に譬えられる。そこではあらゆる研究が集約され、調整される。無駄に終わる努力は一つとしてない。……これに対してフランスの歴史家はみな独学者である。誰も師をもたず、学生を養成することもしない。

「学生を養成することもしない」とは不思議に思われるかもしれません。一八八〇年代に、フランスの文科系高等教育は二つのグランゼコールによって担われていました。高等師範学校と国立古文書学校(エコール・デ・シャルト)です。ソルボンヌに設けられた高等研究院(École Pratique des Hautes Études)がエコール・

デ・シャルトとともに、批判的方法を学ぶことができる教育機関でした。パリ大学文学部は、華麗な弁舌を披瀝するレトリカルな授業が中心で、文学研究としての評価も高くなく、熱心な学生にも恵まれていませんでした。

こうした閉塞状況を打開するために、一八八三年にラヴィスは文学部の学生の登録を制度化しました。さらにこれらの学生を教育するために、一般市民も聴講できる開放講義とは別にソルボンヌのなかに登録学生のみが出席できる講義を開設したのです。職業的歴史家の養成は、歴史家のための特殊な専門知識、すなわち歴史の補助科学(史料解読のさまざまな技術的知識)を教授するための教育システムの改革から開始されました。その習得のための訓練は、職業歴史家の守るべき規範を内面化する機会にもなったのです。この点は重要です。なぜなら、歴史学を学ぶ学生が共通にもつデシプリンのうえでのアイデンティティは、いわゆる歴史の補助科学と称される古書体学、書冊学、文書形式学、碑文学等々の技術面での知識と経験が養成するものだからです。それ以外の歴史家の実践は、史料や文献を読むのに必要な語学の能力を別にすれば、なんら特別の修練を必要としないデシプリンであるからです。こうした言い方は、あるいは物事を過度に単純化していると批判を受けるかもしれません。けれども文字で書かれた記録が多数を占める歴史の研究においては、文学や哲学などと同じように文字で書かれたテクストの解釈を専門とする分野とどのような実践上の差異を識別できるでしょうか。それぞれが他の分野に対して、それを専門とする人との関心の違いや、それぞれの分野についての知見の厚みの違いがあるのは当然のことです。しかしそれはさほど本質的な差異とは思われません。例えば印刷され、できあがった中世の物語テクストを、文学の専門家も、歴史の専門家も、あるいは哲学の専門家も等しく研究の対象にすることができ、かつそれぞれの学問分野にとって、相応に有意義な成果を引き出すことができます。このことは裏返せば、歴史家の他のデシプリンとの本質的な差異性は、この段階にはないということです。あるとすれば、そうしたテクストの内容を批判的に確定する作業のうちになのです。ある写本がいつ頃、どこの写本工房で作成されたかを突きとめるには、写本に関する総合的な知見と経験がなければならず、その段階において中世史の専門家は、こうした訓練を受けず、知識も限られている例えば中世哲学の専門家とは一線を画しているのです。境界線があるとすれば、それはまさに逆説的ながら、「補助」という露骨に二次的なニュアンスの言葉で表されるデシプリンのうちにこそあるのです。その点を押さえるならば、いわゆる歴史の「補助科学」は、むしろ歴史学の基軸科学といってよいでしょう。このように考えますと、先に指摘したラヴィスの改革は、歴史の学徒にデシプリン上のアイデンティティを付与する重要な教育上の措置でした。パトリック・ガルシアによれば、一八〇〇年代末期のフランスで、歴史専攻の学生がソルボンヌに約一〇〇〇人、地方の大学にあわせて約一〇〇〇人といったところでした。

余談ですが、日本の大学での歴史教育に関して、日本史、東洋史に対して私が専門にする西洋史は大きなハンディキャップを負っていると常々考えていました。それは少なくとも有力大学では日本史や東洋史の分野では資料解読に必須の言語に加えて、いわゆる「補助科学」の教育についても、比較的整備された教育システムを具えているからです。残念ながら西洋史についてはこのような整備が十分なされていないのが現状です。そこにはわが国において西洋史学が伝統的に果たしてきた独特の役割が関係しているのでしょう。この問題は、また別にあらためて考えなければなりませんので、これくらいにとどめておきます。

『歴史学雑誌』の創刊とその後

さて話を戻しますが、中等教育を含めて大学における歴史教育の制度化、これと並行して大学人からなる職業的歴史家の形成が進行するにつれて、歴史家という新たな職業にいかなる職業倫理が内在するかを考え、その規範を自らのものとし、またそれを絶えず陶冶するための職業集団のアリーナとして雑誌『歴史学雑誌』が、一八七六年に創刊されたのです。この雑誌が草創期のフランスの大学の職業歴史家のかくあるべき歴史学と考えた者たちのマニフェストであったわけです。この雑誌に拠った歴史家たちは「方法学派」あるいは「実証派」と呼ばれ、のちにブロックやフェーヴルにより、古めかしい時代遅れの歴史観を撒き散らす元凶として、手ひどい批判を浴びることになります。

ギイ・ブルデによればこの雑誌の運営委員として第二帝政期に学者として成熟したエルネスト・ルナンやイポリット・テーヌやヒュステル・ド・クーランジュのような旧世代と、第三共和政のもとで活躍することになるモノーやラヴィスなどの若手世代の新旧二世代が名前を連ねていました。五三人の創設メンバーのうち三一人がパリ大学文学部や高等研究院(EPHE)、コレージュ・ド・フランスの教授が占め、残りは文書管理官や図書館司書です。その意味では極めて狭いサークルであり、パリを中心にしたサークルとして出発したといえます。カトリックが多数を占めるフランスにあってこの雑誌に特徴的なのは、これに拠った歴史家の多くが(多数派が)モノーをはじめとしてプロテスタントであったということです。そして、この雑誌の創刊の辞のペンを執ったのが、ほかならぬモノーでした。彼はそのなかで次のようにドイツ史学を賞賛し、フランスの歴史家がこれをモデルとして研鑽を積まなければならないと力説します。

われわれの世紀の歴史研究に最大の貢献を果たしたのはドイツである。テクストの刊行、史料批判、歴史のあらゆる問題を一つひとつ丹念に、あらゆる角度から検討して辛抱強く解明し、何一つ疎かにしないのが彼らの流儀である。ラッセン、ベック、ニーブール、モムゼン、ザヴィニィ、アイヒホルン、ランケ、ヴァイツ、ペルツ、ゲルヴィヌスらの名前や、"Corpus Inscriptionum", "Monumenta Germaniae", "Jahrbücher des Deutschen Geschichte", "Chroniken der Deutschen Städte" などの叢書を想起すれば十分であろう。

そして、こうしたドイツにおける歴史学の成熟ぶりに比べて、フランスの歴史学はいまだ準備段階にあるとしたうえで、科学的――アカデミックな、と言い換えたほうがよいかもしれませんが――歴史学を次のように描いて見せるのです。

純粋に学殖のための知識の蒐集をめざすのではないわれわれの雑誌は、学問の基礎となる研究により、結論となる研究結果により豊かにされた、独創的で二番煎じではない研究しか認めない。しかも寄稿者にはすべからく厳密な科学的な論証手続が求められるのである。すなわちあらゆる断言は証拠をともない、史料の挙示、引用がなされなければならず、曖昧な一般的論述や雄弁を排除することにより、われわれは『歴史学雑誌』を文学的性格から護らなければならない。

モノーによって執筆された、方法学派（エコール・メトディック）宣言は、やがて、その二十数年後の一八九八年に、あのあまりにも有名なラングロワとセニョーボスの手になる『歴史学研究入門』のうちに、成熟した方法論の体系的論述を見出すことになります。

シャルル・ヴィクトール・ラングロワは中世史家で、パリの国立文書館やロンドンのパブリック・レコード・オフィスを舞台に文書の渉猟《しょうりょう》の豊かな経験をもつ異端審問やブルターニュ大公領の専門家でした。それに対して、すでに言及したシャルル・セニョーボスは近代史の専門家で、それまで単独で中等教育で使われる歴史の教科書を執筆した経験をもった学者です。二人ともソルボンヌの教授で、学士院会員でした。彼ら二人の共著であるこの『歴史学研究入門』を詳しく紹介する余裕はないので、皆さんには邦訳を読むことをお勧めいたします（セニョボス／ラングロア〈八本木浄訳〉『歴史学研究入門』校倉書房、一九八九年）。この書物は「方法学派」の記念碑とされ、この学派の思想を称揚するにしろ、批判するにしろ、いずれにせよこの歴史学派の学的規範の役割を果たしています。ブルデにいわせると方法学派は、キリスト教的摂理思想も、合理的進歩主義もマルクス主義的目的原因論（finalisme marxiste）などをすべて斥ける点で、歴史方法論の「認識的切断」を果たしたということになります。厳格な方法的手続によって確立された、熱のない光のような歴史的事実の確定、それが学問的営みとしての歴史学なのです。いや歴史的事実の確定でさえ行き過ぎなのであって、彼らにいわせれば歴史学は「史料研究」そのものなのです。なぜなら史料研究を超えての歴史の論述は、事実の再構成であり、知的に極めて危険で不確かな実践だからです。史料研究を歴史研究そのものと同一視しているというと言い過ぎかもしれませんが、史料研究の技術面の論述の精緻さに引き換え、歴史叙述を含む総合（サンテーズ）の考察はありきたりです。このような立場は、歴史学の学問としての固有性――他の隣接学問、例えば法学、文学、経済学、社会学などに対して歴史学を歴史学であらしめる実践――は、史料学、すなわち歴史補助学にあるとするもののように思われます。このような特徴をもった方法学派は、一八八〇年代から一九三〇年代のフランス歴史学を支配しました。

史料研究を超えての歴史の論述に懐疑的な側面をもつ方法学派の歴史学は、やがて一九二〇年代に第一次世界大戦後の歴史家世代に批判されるようになります。その代表格がフェーヴルとブロックでした。一九二九年、二人が創刊した『アナール』、すなわち『経済社会史年報』は、方法学派の歴史学への批判であったわけですが、注意しなければならないのは、少なくともブロックにあっては『歴史学研究入門』で展開されている方法論の否定ではなかったということです。すでに指摘しましたように、わが国では方法学派にしばしば「実証主義」という誤ったレッテルを貼ったり、はなはだしきは「素朴実証主義」という言い方で揶揄したりする向きがありますが、これは正しい認識とはいえません。ブロックが批判したのは、歴史学派の歴史学が醸し出した極度に禁欲的な学的雰囲気、悪くいえば知的に臆病な態度でした。少なくともブロックは、方法学派の史料論が貴重な貢献であることを、遺作となった彼自身の歴史学方法論『歴史のための弁明』のなかではっきり述べています。ブロックは、歴史の構成に関して、ある意味で極端に主観主義的です。例えば彼はあるところで「歴史的真理とは、有能な歴史家が真理と認めたものだ」と述べています。また、歴史研究の結論は、すべて仮説でしかないとも言っています。

正鵠を得た歴史認識論

しかし実は現代史家アントワーヌ・プロストが述べていることですが、方法学派の重鎮セニョーボスもまた、歴史構成の主観主義的本質を力説しています。彼は一九〇一年に出版した『歴史学方法論の社会科学への適用』のなかで次のように述べています。いささか長文ですが引用いたします。

歴史学の領分を確定しようとしたり、過去の人間に関わる事実を扱う歴史科学と、現在の人間に関わる事実を研究する学問との線引を試みようとしたりすると、ただちにその線引が不可能であることに気づかされる。それというのも現実には生理学的事実とか、生物学的事実と同じようには、本質において歴史的事実というのは存在しないからだ。……十八世紀の農民がまとった衣裳からバスティーユの襲撃まで、過去のすべての事象は歴史の一部である。ある事実を語るに値すると判断させる動機は無限に多様である。歴史学は政治的、知的、経済的なその大部分が気づかれずに忘れられた事実すべてを対象にしている。それゆえ、歴史的事実は、以下のように定義することができるように思われた。「歴史的事実」は、人間を観察して記述する学問の対象となる現在の事実と対置される事実というふうに。だがまさしく実際にはこの対置を成り立たせることができないのである。現在であるとか、過去であるとかは、事柄の本質に即した内在的差異ではないからである。それは所与の観察者との関わりによるポジションの差異でしかない。一八三〇年革命はわれわれにとって過去の事実であるが、革命に参加した人々にとって現在の事実であった。……このようにその本質において歴史的な事実というものは存在しないのである。ポジションに応じた歴史的事実があるのみである。……〔歴史は史料という痕跡を通して捕捉される」。それゆえすべての歴史的認識は間接的であり、歴史学は本質において推論の科学である。

この認識論的言葉は、ブロックから出ても、あるいはもっと最近になって『いかに歴史を書くか』を著したポール・ヴェーヌから出ても、あるいは「構成主義者」から発されても、不思議ではないエピステモロジー（認識論）です。

その本質において歴史的な事実というのはありえないとするセニョーボスの基本認識は、今日でも十分通用する歴史科学的内実を具えています。彼が先に考察した過去の事実と現在の事実との線引の不可能性をさらに進めて、それでは過去の事実であったとしたら、異なる歴史家の間で共通の認識に到達することが原理的に可能かという問いを立てるならば、セニョーボスはどのように答えたでしょうか。答えるのが難しい仮定ですが、彼が「すべての歴史的認識は間接的であり、歴史学は本質において推論の科学である」と言うとき、その推論はあくまでデカルト的な――方法学派はまさしくデカルト的推論を旗印にし、方法を練ったのですから――形式によるのであるなら、おそらく然りと答えるに違いありません。彼らは構成主義の発想も、歴史的ナラトロジー（物語学）の着想も、歴史的言説のコンテクスト性という考えもなかったのですから、それは無理もないのです。

むしろ歴史を物語の一形式のようにみていたロマン主義的な歴史観に発して、歴史的事実の本質的不存在の認識に到達し、その多元性（相対主義と私は考えません）にまで行き着いた十九世紀歴史学の目覚ましい展開に深い感銘を覚えるのです。そのことを申して、この報告を終えたいと思います。

第十二章　日本における西洋中世史研究の展開

日本は近代的な歴史学の研究と教育を、米欧の先進諸国とほぼ同じ時期に開始しました。そうしたなかで、西洋中世史の研究と教育は、比較的遅く開始したのです。その原因は、対象が異国であるがゆえのハンディキャップだけでなく、学問的営為それ自体のうちに推進の動因を求めることが困難であったところによります。

明治維新期の歴史学

いうまでもなく、日本の近代歴史学は明治維新とともに開始します。アメリカ合衆国の日本史家キャロル・グラックは、呱々の声をあげたばかりの近代国民国家のなかで、歴史学が自らの課題としたものを、以下のように的確に要約しています。

明治期に歴史を語った人々は、国民国家の未来を「文明」へと向かう単線的な進歩と宣言したのである。近代の原初的語りにおいて、明治維新は過去と未来との断絶を示し、江戸は「アンシャン・レジーム」のような封建制度となり、明治は「進歩発達」の場となったが、それは圧倒的に「国民国家」

との関係において理解された。「国史」の制度化と歴史の職業化は一八八〇年代と九〇年代に始まったが、それはイギリスやフランスやアメリカとほぼ同時代である。……その「国民国家」の観念に、歴史と市民権、歴史と国民的アイデンティティなどの接合が含まれていたのであった。重《しげ》野《の》安繹《やすつぐ》や久米邦武といった初期のアカデミックな歴史家は、他の国の歴史家と同じように科学の誘惑に熱烈に反応し、儒教的道徳主義からランケ的実証主義への進歩を、熱心な献身と、時代遅れの正統な学問を覆す前衛としてのプライドをもって、宣言したのである。

ここでグラックが「「国史」の制度化と歴史の職業化」の面で、イギリス、フランス、アメリカ、日本の同時性を云々する際に念頭においていたのは、今日でもそれらの国々の科学的な歴史学を象徴する専門学会誌誕生の日付でしょう。イギリスの『*English Historical Review*』が一八八六年、フランスの『*Revue Historique*』が一八七六年、合衆国の『*American Historical Review*』が一八九五年、日本の『史学雑誌』は一八八九年のことでした。

さて、時間が前後しますが一八六八年に王政復古を実現した明治新政権は、その政治的・歴史的正統性を後代にわたって正当化する手段として「国史」編纂事業を構想します。だがその実施の段にあたって、編纂方針をめぐっていくつもの難題が生じました。そもそも国史編纂の内実を、歴史叙述にするか、史料の蒐集と編纂に限定するかという根本的な部分で、修史官内部での意見の相違が生じたのです。重野や久米などの考証学系統の漢学派は歴史叙述をなすべきとの意見を主張し優位に立ったのですが、新たな国家の正史叙述をなすにあたって、古色蒼然たるスタイルをそのまま踏襲することも本意ではありませんでした。

当時多くの読者に迎えられた田口卯吉の『日本開化小史』や福沢諭吉の『文明論之概略』のような、のちに啓蒙史学と称される文明史型の歴史観や叙述スタイルにも学ぼうとする意欲的な姿勢があったのです。すでに一八七四年にはフランソワ・ギゾーの『ヨーロッパ文明史』が、一八七五年にはヘンリー・バックルの『英国文明史』の翻訳が出版され、伝統的な日本の歴史観、歴史叙述とは異質な、ヨーロッパ文明発展の歴史叙述が、人々の間に新鮮な驚きをもって迎えられていました。ヨーロッパ文明がいかなる歴史過程を経て生まれきたったのか、日本はそれを学ぶことによって、近代を獲得しうるのか。こうした目的論的姿勢が、ひとり啓蒙思想のみならず、明治期前半の官学的アカデミズム歴史学をも特徴づけていたのです。

こうした気運のなかで、ヨーロッパ流の歴史叙述を積極的に学ぼうとした重野は、太政官書記官の末松謙澄《けんちょう》をイギリスとフランスに派遣し、歴史叙述、史料編纂の指針を得ようとしました。渡欧した末松は歴史学、芸術に深い造詣をもったロンドン在住の亡命ハンガリー人ゲオルゲ・グスタフ・ゼルフィに、歴史学の方法論についての著作の執筆を依頼したのです。一年後の一八七九年に本文七七三頁、全七章からなる『*The Science of History*』が完成し、早速日本に送られてきました。七章の構成は第一章が歴史学の学問的特質や歴史研究者のあるべき姿勢などを説いた歴史学序論的な内容で、第二章はオリエント古代とギリシア古代を扱い、第三章ギリシア、第四章ローマ、第五章キリスト教、第六章中世、第七章近世というものでした。それぞれの章で文化史的概説を試み、当該時代の史学史も紹介しており、日本の歴史家にとっておおいに参考となる教本でありました。その翻訳はなかなか進まなかったものの、英語を自在に読みこなした当時のエリート歴史家にとって翻訳はそれほど必要ではありませんでした。末松が期待されていたのはイギリス史学かフランス史学に学ぶことでしたが、ゼルフィは当時のヨーロッパの史学のなかで、とくにドイツ史学を高く評価しており、それがやがて一八八七年に帝国大学が歴史学の教授としてドイツ人のルートヴィヒ・リースを招聘する機縁であったとされるのです。

西洋中世史研究の新世代

明治十九年、すなわち一八八六年三月に帝国大学令が公布され、翌明治二十年二月に帝国大学に招聘されたリースが外国人教師として着任しました。その年の九月に文科大学に史学科が創設されました。この史学科は西洋史学を専門とする学科であり、西洋の歴史を研究する制度的枠組がはじめて創り出された画期的な出来事であったのです。先に述べた国史編纂のための組織は、一八八六年に内閣の臨時修史局となり、修史事業が帝国大学に移管されて文科大学に編年史編纂掛が設置されると、一八八八年六月新たに国史学科が増設され、重野、久米、星野恒《ひさし》などの修史局スタッフは文科大学教授に就任しました。

翌一八八九年、リースの慫慂《しょうよう》もあって、重野が中心となって学術雑誌『史学会雑誌』が創刊されます。これが現在の『史学雑誌』です。リースはこの雑誌の第五号に「史学会雑誌編纂ニ付テ意見」と題する一文を寄稿して、歴史研究がいたずらに史論の開陳に傾く危険を指摘し、史料の蒐集、史実の究明を何よりも重んずべきであると説きました。彼は近代歴史学の草創期の若い国が、自国の歴史を究明するための基礎づくりをするにあたって、もっとも肝心な点は何かという関心に心を捉われていたのであり、自らは西洋の歴史を教授しながらも、日本人のなかに西洋史の専門家を育てようとする意図は薄かったように思われます。『史学会雑誌』に寄せた文章からも、この雑誌をあたかもドイツ中世史料の大編纂事業たる「Monumenta Germaniae Historica」を支えた『*Archiv der Gesellschaft für ältere deutsche Geschichtskunde*』のような雑誌として性格づけようとしたというのが、今井登志喜の見解です。

リースは一九〇二年に任を終えて帰国するまで、一六年にわたって学生の教育と、歴史学の興隆に力を注ぎましたが、その教えを受けた者のなかから、やがて新しい歴史家の世代が誕生します。この新世代は明治期に入ってから生を享けた者たちで、先行する世代とは異なる学問観をもって登場します。その一人が原勝郎《かつろう》でした。

日本の西洋中世史研究は、帝国大学でリースに学んだ原によって種が蒔かれたといってよいでしょう。それは原自身が西洋中世史そのものを対象にして、研究に勤しんだというより、むしろ自身は日本中世史という新しい分野を切り開きつつ、おそらくリースの講義から学んだ「中世」という概念的道具の独創的利用によって、一つの歴史学的展望を提示してみせたことによるのです。明治四(一八七一)年、旧南部藩士の子として盛岡に生まれた原は、盛岡中学、第一高等学校を経て、やや年嵩の青年として一八九六年、二十六歳で東京帝国大学を卒業して大学院に進学しますが、すぐに志願兵として陸軍に入りました。三年後の一八九九年、陸軍少尉となり九月に第一高等学校教授に任ぜられ、一九〇二年十月『日本中世史』により、文学博士の学位を与えられました。しかしこの作品は学位請求のための草稿にとどまり、これがはれて公刊されるのは、日露戦争による出征の二年にわたる軍務から帰還した一九〇六年になってからでした。この著作は原の構想では、全体で数巻からなる『日本中世史』の導入の第一巻であり、以後引き続いて書き継がれる予定でした。しかし、それはさまざまな理由から果たされず、死後遺稿として残された関連論文が『日本中世史之研究』と題して一九二九年に出版されただけでした。

『日本中世史』第一巻の序を、三十二歳の原は次のように書き出しています。

従来本邦の歴史を編述するもの上代に詳密にして、中世以後を叙すること簡略に過ぐるもの多し。其然る所以は一は国史の選集ありし時代は、史料の蒐集整理極めて容易なるに、中世以後は此の如き根本史料の依憑すべきものなく、従ひて其考究頗る困難なるに基因すること明らかなりと雖、一は王朝に於いて致せる文物の発達は、武家時代に至りて一旦衰運に向かひたりと考ふるが為にして、換言すれば鎌倉時代より足利時代を経て徳川時代の初期に於ける文教復興に至るまでの歴史は、本邦史中に於ける暗黒時代にして多く言を費やすを要せざるものなりと思惟するに因る。余ひそかに考ふるに然らず。此の如き断定はこれ上代に於ける支那渡来の文物の価値を過大視せるより来れるものにして、其実当時に於ける輸入の文明は、決して充分に同化、利用せられたるものにあらず。鎌倉時代は……即此時代が本邦文明の発達をして其健全なる発起点に帰着せしめたる点に於て、皮相的文明を打破して之をして摯実なる径路によらしめたる点に於て、日本人が独立の国民たるを自覚せる点に於て、本邦史上の一大進歩を現したる時代なることは疑ふべからざるの事実なりとす。

この序文は非常に有名であり、樺山紘一は原勝郎を、わが国の歴史学にあって、古代と近世に挟まれた数百年を、一定の構成原理によって統括される完結した時代として「中世」を概念化した最初の歴史家であるとみています。注目すべきは、原が日本の「中世」の歴史像を彫琢するにあたって、おそらくリースに学んだと思われるヨーロッパ中世の歴史像が類推の手がかりを提供したと思われることです。彼は『日本中世史』第一章「平安時代の文化の概観」において、「平安朝に次ぎて来りし武家時代の、其文物典章に於て、遠く前者に及ばざりしことは、固より明らかなり。然りと雖、世運の真個の消長は、未必しも単に文物典章の光耀のみを以て判じ易からず。タキツスが羅馬帝国極盛の時に出でて、何が故に若くゲルマニアの蛮人を激賞して措かざりしかを考へ来たらば、社会邦国の健全なる発達は、決して帝に此等燦然たる修飾にのみ存せざるを知るに足らむ」と書き、西洋中世との比較の相のもとに、日本の中世像を把握しようと試みています。わが国の歴史家のうちに、西洋中世の歴史研究へ誘う要因が何であったかを考えるうえで、留意しておくべき事柄と思われます。

だが原勝郎は、その直後にイギリス、フランス、アメリカへの二年半の留学を命ぜられ、しかも研究課題は「最近世史」、すなわち「ヨーロッパ現代史」でありました。そして帰国後ただちに任ぜられたのは京都帝国大学のヨーロッパ現代史担当の教授ポストでした。この講座の教授に就任して最初の著作は、一九一二年に出版した『昨年の欧米一九一一年』でした。これは歴史家というより、むしろ海外事情の専門家ともいうべき境遇に置かれた証といえるでしょう。しかし、その合間を縫うようにして、時折西洋中世の歴史を講ずることもありました。京都帝国大学着任後、二、三年してからおこなわれた西洋中世史の講義録が、死後に『西洋中世史概説・宗教改革史』と題して出版されました。この余技というには深い知識に裏打ちされた安定した叙述を読むと、事情がこの歴史家をして西洋中世史家の看板を掲げることを許さなかったことは、まことに遺憾の極みといわざるをえません。中世史の部は第一章が九世紀のカール大帝の即位から、教皇権の衰微、オットー諸帝統治期ドイツ、教皇グレゴリウス七世、十字軍、叙任権闘争、教皇インノケンティウス四世とフリードリヒ二世の対立など、中世末期におけるローマ教会までの政治史的トピックの簡にして要を得た解説、第二章は封建制度の国制史的説明に始まり、中世末期までの制度的展開を主にフランスとドイツを対象にして述べ、第三章は「南欧の通商」と題して、地中海を舞台にしてのイスラーム世界をも含めた商業交易を概観し、第四章「ハンザの通商」はバルト海や北海を舞台にしたハンザ同盟の交易史、第五章がルネサンス論で、美術、工芸、文学、思想だけでなく、中世写本の蒐集などにも説き及び、ドイツ、フランス、イギリスにもそれぞれ節をあてて、アルプス以北の情況も概観しています。

原はその『日本中世史』を文語で叙述し、繊細でいながら明晰で華麗なその文章で多くの読者を得ました。この書を書評した『史学雑誌』の書評子は、「史は即ち詩なりとはかかる種類の書をや云ふ可き」と感嘆の言葉を寄せています。『西洋中世史概説』も、同じ文語で叙述していますが、より抑制された文体で綴られています。京都帝国大学で原の若き同僚であった、後述する植村清之助に師事した鈴木成高《しげたか》は原勝郎の著作、十五世紀の公家三条西実隆《さんじょうにしさねたか》の日記を史料として叙述した『東山時代に於ける一縉紳の生活』の解説で、明治維新以後の歴史家のなかで、原を絶後の文章家として激賞していますが、その評価が単に文章の出来ではなく、歴史家としての卓越した力量への評価であることはいうまでもありません。洋の東西を通じての専門的な深い歴史的知見の達成は、明治の特殊な文化情況だけが生み出しえた希有な現象であったのかもしれませんが、この時代の歴史家がみな原のようであったわけではないことも事実で、これは、やはり彼の比類ない文学的感性と文化的教養を考慮しなければ、説明できない事柄です。

ドイツで学んだ中世史家たち

大政奉還から数年ののちに生まれた、いわば明治の第一世代に属する歴史家たちは、重野安繹や久米邦武らのいわゆる啓蒙史観に深く影響されたアカデミズムから、さらに深化した様相を示しました。すでにみた原勝郎がその代表的な例ですし、原より三歳年下で、家業の来歴からして、東京というより江戸生まれといったほうが似つかわしい、刀剣商の息子として生まれた福田徳三もそうした類型に入るでしょう。福田は十二歳でプロテスタントに改宗し、東京高等商業（のちの一橋大学）に学び卒業しました。ただちに母校の講師に就任し、一八九八年から約三年半にわたってヨーロッパとアメリカに留学しました。日本の近代歴史学発達史において、福田の名を高からしめたのは、彼がミュンヘン大学で歴史学派のルヨ・ブレンターノに師事し、その求めに応じてドイツ語で『日本経済史論』（一九〇〇年）を短期間のうちに書き上げ、ドイツ語の読者を日本経済史の最初の読者としたことでした。ブレンターノはこれに序文を寄せ、福田の叙述する日本の歴史が、いかにヨーロッパの歴史との類似を示すかに驚きの思いを抱いたかを率直に語っています。

所謂異種文化とは――西欧における羅馬の文化の如く――当時日本より秀でたる朝鮮および支那の文化是れなり。此の文化に伴て仏教また伝来し、日本の皇室と上流社会の人々が、此の新宗教に心酔せること「メロヴィンガー」王朝の基督教に於けると似たり。而して日本に優越なる文化の侵漸せる結果「フランク」王国が羅馬の文化に接触せるの状と異ならず。皇室は文明の域に導かれたりと雖も、しかも文弱に流れ、その地位に代わりて「ハウスマイアー」実権を握る。日本の皇室の「ハウスマイアー」はピピンにあらずカールマルテルに非ず、之れを藤原氏となす。西欧の史に於いて「フランク」王国崩壊して遂に封建国家を生ずるに至ると同一の原因は、亦日本において中央権力の正当なる独裁政治に代わりて、僅かに名義上皇室の最高権力を認め地方の領主として自立するに至る国司を生ずるの因をなせり。是れに於いて起これる全ての事情と全ての思想は、吾人が欧州の史に就いて知るところに同じ。

福田が『日本経済史論』で、九三一年から一六〇二年までを封建時代と性格規定したのは、ヨーロッパの「レーンスヴェーゼン Lehenswesen」になぞらえて武家勢力の台頭と荘園制の成立を捉えたからにほかなりません。かつて重野安繹は「日本に封建の制なし」との論文を一八九二年に著し、この体制を日本の歴史に認めることを拒否したのですが、福田の所説はこれを否定するものでした。そして福田の著書から六年後の、一九〇六年に法制史家の中田薫《かおる》が論文「コメンダチオと名簿捧呈の式」を書き、主従関係の形式的側面に関して、そして「王朝時代の荘園に関する研究」によって恩貸地という物的側面についても、封建制的な体制が平安中期から開始したと論じ、このことがわが国の歴史理解に定着したとみてよいでしょう。

福田と同じ東京高等商業を卒業し、三歳年少の山形出身者三浦新七をはたして西洋中世史家に分類するのが妥当か、いささか躊躇せざるをえないところがあります。彼は生前にまとまった著作をほとんど残しませんでした。近年になって東京商科大学その他での講義録の草稿が刊行され始めましたが、編纂者が記すところによれば、その数は四〇〇字詰め原稿用紙に換算して、二万二〇〇〇枚という膨大な分量です。もとより講義草稿であるので、重複も少なくはないのですが、それにしても家業の銀行頭取、ついで東京商科大学学長、貴族院議員、日本銀行参与と世俗的にも華々しい経歴を重ねたディレッタント風の相貌の背後から、並々ならぬ刻苦勉励の姿が浮かんでくるのです。その講義録の内容もまた、いささか破天荒といえます。それは古代から近世にいたるイスラーム、インド、中国を含む東西諸文明の比較文明史です。このなかにはむろん中世ヨーロッパについての考察もみられるのですが、こうしたスケールの知的営為を念頭に置いたとき、はたして三浦を中世史家に括ってしまってよいのかという疑問を禁じえないのです。だが二つの事実を考慮して、われわれは彼を日本における西洋中世史学の展開のなかで取り上げるべき人物であると結論づけます。一つは、彼が一九〇三年から一九一二年までの約一〇年にわたって、本国からの帰国命令を無視してライプツィヒ大学で師事したのが、中世経済史に多大な業績を遺したカール・ランプレヒトであったということ。もう一つは、のちに述べるわが国で西洋中世史研究の分野で最初に「実証史家」として活動した上原専禄《せんろく》を東京高等商業で指導し、彼をウィーンの巨匠アルフォンス・ドプシュのもとに送り込んだことによります。いわば学問の人的関連の面において、三浦は中世史家とみなしてかまわないのです。

ランプレヒトはランケ流の歴史学が、歴史のなかで生起する一回的な事実の認識にとどまっていたのに対して、Geschehen（出来事）ではなくZustände（状態）にこそ目を向けるべきであるとする新しい認識論的前提のもとに、反復的に生起する「状態」を捉えるべく、事実の集合としての「文化類型」とその「発展」をこそ研究の対象にすべきであると主張した歴史家でした。三浦が遺した膨大な講義草稿が語るのは、こうしたランプレヒト学派の面目であり、三浦が一〇年にも及ぶライプツィヒ留学中の多くの時間を費やしたのは、師ランプレヒトからの依頼によって、文化類型としての日本とその発展の歴史の研究に勤しんだからでした。その年譜を見ると、留学三年目の一九〇五年には、大宝令や義解、集解など、日本古代史関係の根本史料のドイツ語への翻訳に忙殺されています。後年、三浦は講義前の雑談のなかで、「欧州に居るときは日本史をやり、日本に帰って西洋史をやるという愚かなことをやったのであるが」と、いささか自嘲めかして語っています。そして福田徳三の場合も、期間こそ短かったものの三浦の留学生活と根本において類似しているのです。関心のありようとして指摘できるのは、東京高等商業の場合、世界史・文明史的関心がより強く感じられることであり、それは商業取引のために世界に雄飛する人材を育成するこの学校の特徴でもあったと思われます。そのあたりの事情は、やはり三浦が自らの学生時代について語った雑談的回顧からも読み取れます。すなわち、

我々の仲間は八五、六人であったが、いずれも漢学塾か何かで支那風に教育された連中で、しかも時は日清戦争後であるから、治国平天下というような大きな事しか考えて居らない。先生でも少し来ようが遅いと、教室は直ちに参謀本部に代わる、外務省になる。今でも支那豪傑の風ある……が黒板に支那の図を書いて、東洋風雲を話する。或者は海外航路の不振を嘆じて、南米植民を議論する。或者は西比利亜〔シベリア〕をもう日本のものにした積もりかなんかで、其の経営を画策する、其所に三十分も

遅れて先生が入ってくる。今までのイリュウジョンが一度に消えて、民法第何条の講義が始まる、というようなことが殆ど毎日のことであった。

これが当時の東京高等商業の気風であり、世界史や比較文明史的な志向を強くにじませた学問傾向を特徴としていたのです。

歴史家第三世代の西洋中世史研究者

重野や久米など維新以前にその人格形成を終えていた歴史家を第一世代とすれば、原や福田や三浦など維新以後にこの世に生まれ落ちた人々は歴史家の第二世代に属します。この第二世代を師と仰いだのが第三世代で、厳密な意味で西洋中世史を専門とする歴史家は、ようやくこの世代になって登場するのです。京都帝国大学で原勝郎の年少の同僚であった植村清之助や、東京商科大学で三浦の弟子となった上原専禄などがそれにあたります。彼らにあっては、ヨーロッパ中世世界、その成立と構造がそれ自体知的関心の対象であり、先行する世代に多少とも見て取れた日本の歴史や社会との比較の発想は、たとえ背後にあったとしても、議論のなかで顕在化させることはしません。

植村は一八八七年に京都に生まれ、第三高等学校を経て、東京帝国大学史学科で西洋史を修め、明治四四(一九一一)年に卒業しました。その第三高等学校教授を経て京都帝国大学助教授として、西洋中世史を講じたのです。一九二三年から二五年にかけてドイツ、フランス、イギリスに留学しました。そして帰国してからほどなく、昭和三(一九二八)年に四十一歳の若さで病歿しています。その著作は死の直前に書き上げた博士論文「中世初期に於ける国家的社会的変遷の研究」を巻頭に配し、学会誌に投稿した六編の論文を収録した死後出版(一九三〇年)の『西洋中世史の研究』一冊のみです。

その学位論文は、第一篇「ゲルマニ諸王国の発展及其の性質」、第二篇「ゲルマニ諸族移住の経済的社会的影響」、第三篇「思想感情の方面より観たるRomani, Barbari両住民の関係」の三部構成で、部族組織の政治的側面、土地占取の形式、文化宗教の三点にわたって、当時の学説を精査し、必要に応じて史料から直接の引用をおこないながら、議論を丹念に整理した論考です。独創的な面は多くはありませんが、アカデミックな精神に貫かれた労作といえます。第一世代や第二世代にあった読者を巻き込むような熱気、あるいは光彩陸離たる筆法はここでは姿を消し、アカデミックな学問の作法として、学界全体が一定の成熟段階に入ったとの印象を漂わせた作品です。あるいはこれは著者の個性のしからしむるところかもしれません。

植村清之助よりさらに一〇歳ほど若い上原専禄(一八九九~一九七五)は、同じく京都に、染め物職人の家に生まれました。東京高等商業に進学し、一九二一年から二三年までの三年間を三浦新七のゼミナールに学びました。そして植村清之助とまったく同時期の、一九二三年から二五年までのあしかけ三年に、中世史学の国際的な巨匠ウィーン大学のアルフォンス・ドプシュのもとで研究をおこなったのです。その実証的志向は、植村よりもさらに徹底していました。父親の日清、日露の二度の出征によって、立ち行かなくなった一家が直面した家族離散のなかで松山の叔父のもとに身を寄せた少年の上原は、そこで日蓮宗に出会い、独自の宗教性を帯びた人格形成を成し遂げていました。三木亘《わたる》はドプシュの許に学んだのは偶然の選択であったが、「選ぶにあたっての彼の覚悟というものがあった。すでに巨匠といわれていたドプシュの方法をみずから行なってみることで、ドプシュの人と学問、ひいてはその背後にあるドイツ、ヨーロッパの社会と文化を見きわめようというのが、それである。それによってはじめて、主体的で自由に言える立場を獲得できる」と、上原の心境を解説しています。実際に交流があった三木が、上原からじかに聞かされていた言葉であったに違いありません。だが一方で、師でありドプシュのもとに彼を送り込んだ三浦の助言もなかったでしょうか。三浦はあるところで次のように述べています。

自分の学問はそのやり方がプラクティカルで、学問のための学問という理想は初めからもたなかった。また今日でも持って居らぬので、歴史を修める場合に於いても、文明史上の吾人の地位を明らかにする為に歴史を研究するというように、実用主義を去り得ない所以であり、又吾われが過渡期の学者と悪口を云われる所以であろう。

過渡期ではなく真性の歴史学者であるためには、実用的な思考を棄てて、「学問のなかに内在する論理を只一つの駆動因として」学的営みに勤しむべきであるという、師の想いに重ねた、幾分か背伸びした心境もあったのではなかろうかと思われるのです。いささか上原には酷ではありますが、その無理が逆に戦後、彼が学的営為の外にある要素に、少し過剰なほど配慮した原因ではないかと思えるのです。

そのことはさておき、ドプシュのもとでの研鑽は、まさしく先の決意の紛れもない体現でした。著作集第二巻『ドイツ中世史研究新版』に収録された論文「『コーデクス・ラウレスハメンシス』の成立とその内容」や、とりわけ世評高い「『フッガー時報』考」はそうした努力の結晶であるとみることに誰しも異論はないでしょう。ここには史料論的考察、先行研究の渉猟《しょうりょう》、史料の物的構造と証言能力の考究、こうした実証主義歴史学のヨーロッパ的カノンをすべてクリアした五〇頁が存在します。かつて私の知人は、この論文を「神秘的なもの」と評したのでした。中世史家ドプシュの弟子として、なぜ中世史ではなく近世史の史料を研究対象としたのかという疑問もさることながら、この作品が歴史家上原専禄の実在性といかなる連関ももたないような、異様な読後感をもったからなのだろうと思われます。上原は一九二五年のこの時点で、日本の西洋史学にあまりに先んじていたと感じ、そして戦後日本社会に対して彼がとったスタンスは、自分が行き過ぎた部分をあらためてたどりなおす行程ではなかったかという思いを禁じえないのです。

マルクス主義の影響

「『フッガー時報』考」に体現された、当時の日本の西洋史研究の土壌と、情況からはかけ離れた、いささか個人的情念に根ざした上原の西洋中世研究への取組は、孤立した着想であったといわざるをえません。例えば日本の代表的な歴史学関係の学術雑誌である『史学雑誌』の目次を繰ると、一九三一年の巻の書評欄で、ヨーロッパ言語のみならず、日本語で叙述された西洋中世史関連の書物を書評しているのは、西洋古代史家村川堅太郎です。先に言及した植村清之助著『西洋中世史の研究』の書評を担当したのは村川であり、彼はこの年ほかにも、ドプシュ『世界史における自然経済と貨幣経済』、アンリ・セー『起源から世界大戦までのフランス社会経済史』、ルイス・ジョン・ピトー『中世史研究入門』などを、エドワルド・マイヤー『古代史』第二巻、ヨハネス・ハーゼブロック『古代ギリシアの国家と商業』、エーリッヒ・ツィーバルト『古代ギリシアにおける海賊行為と海上取引』のような、自らの専門とした古代史研究関連の著作と並んで書評をおこなっています。これは村川堅太郎がどれほど卓越した知的・学問的力量を具えていたかを証明していると同時に、当時のわが国において、いかに西洋中世史学が一つの専門性をもった学問分野として確立していなかったか、あるいはこの学問分野の人材の層の薄さを証明しているように思われます。先に述べた上原専禄が切り開いた道は、こうした理由で途中から茨の茂みにおおわれてしまうのです。

この時期から二つの事態が相互に関連しながら、わが国の歴史研究のあり方に深い影響を与えながら進展していきます。一つは大陸出兵、五・一五事件や二・二六事件にみられる軍部独裁への傾斜、軍国主義的思潮の台頭であり、もう一つはマルクス主義の歴史学界への影響の浸透です。一九三一年の雑誌『社会経済史学』の創刊、翌三二年の「歴史学研究会」の結成と明くる三三年の機関誌『歴史学研究』の創刊は、歴史研究の分野でのマルクス主義的歴史解釈の広がりを示す事態です。一九三二年の『史学雑誌』には羽仁五郎の「東洋に於ける資本主義の形成——アジア的生産様式と支那社会」が掲載されました。驚くべきは、この雑誌が伝統ともいうべき、考証に重きをおいたアカデミックな性格であったにもかかわらず、マルクス主義的歴史解釈を前面に押し出した羽仁の論文を掲載したという単純な事実ではありません。この長大な論文を前後四回に分けて、分載することを可能ならしめたという事実です。単一の論文を四回に分けて連載する決断をしたのは(三回というのは何度かありますが)、おそらく一〇〇年以上に及ぶ『史学雑誌』の編集史において、空前絶後のことでした。これと符節をあわせるように、村川は以後一〇年近くこの雑誌への寄稿を取りやめています。

マルクス主義的歴史解釈がわが国の歴史学界への影響力を強めるなかで、西洋中世史の分野で研究者の心を捉えたのは、近代の先蹤《せんしょう》としての中世という側面であり、マルクス主義の歴史理論に従うならば、「封建的生産様式」の成立と解体、近代への進化の歴史過程を解明するという学問的課題でした。この面でもっとも大きなインパクトを与えたのは、近代史家の高橋幸八郎《こうはちろう》が『史学雑誌』第五一編(一九四〇年)に二度にわたって連載した「所謂農奴解放について」でした。ちなみにこの年、高橋に先んじて、長い沈黙を破って村川堅太郎が実質的に最初のまとまった研究ともいうべき「民主政期におけるアテネとアッティカ」をこの雑誌に発表しています。

さて高橋の論文で展開された諸論点のなかで、西洋中世史学ととくに切り結ぶ論点は封建社会の運動法則を共同体的枠組の進化(フーフェ・マンス→ゲマインデ→グルントヘルシャフト)と、地代形態の変化(賦役労働→現物地代→貨幣地代。彼はこれを「推転」という独特の表現をしています)のパラレルな関係を主張したところにあります。この仮説は戦中・戦後の日本の西洋中世史学の共有財産のような認識となりました。それはわが国で西洋中世史研究を実践することの現実的な意義を、理論への賛否双方を含め、わかりやすく説得的に世に主張しうる華々しい存在でした。橡川《とちかわ》一朗、木村尚三郎、鯖田豊之《さばたとよゆき》、森本芳樹らの中世史家の仕事は、これを有効な仮説と認めるにしろ、認めないにしろ、高橋理論をめぐって考察が触発されるか、その研究を規定したように思われます。このなかで最後にあげた森本芳樹は古典荘園制の研究で、国際的に活躍している社会経済史家ですが、高橋理論をもっとも忠実に継承しているといえます。

海外留学の停止とその影響

一九三〇年代に入り、日本の西洋中世史研究はとくにマルクス主義の影響と排外的世論の高まりのなかで、これまでにない情況に直面するのですが、この関係で忘れてならないのは、上原ら第三世代までのような、国家による歴史を含めた外国事情の研究者への手厚い育成政策が、この前後から放棄されたか、あるいは研究者の側の意向によるのか、ともかくも以前にみられたような、比較的若い段階での長期の海外留学がおこなわれなくなったことです。

これは一面では、日本の西洋中世史家が独自に問題を考え、これと格闘して議論を練り上げざるをえない方向に導き、その一帰結としてマルクス主義的歴史理解の普及という事態がありました。だが他面では、外国語の習得をはじめとして外国史研究者としての「作法」への習熟に多大なエネルギーを割かなければならない、しかも比較的年齢が進んでからそうせざるをえないという事態をも引き起こしました。明治の前半の歴史家は、例えばリースに学んだ原たちのように、大学での講義そのものが外国語でおこなわれたために、読むことだけでなく、書いたり、聞いたりすることも含めて、外国語による知的活動に慣れなければなりませんでした。日本仏教史の大家辻善之助の回想によれば、リースの講義は英語でおこなわれ、「これが甚だ奇妙な発音で、慣れるまでは、とても筆記などは思いもよらぬことであった。その慣れるというのが、なかなか短日月ではできないので、先輩たちの経験では、西洋史専攻の人で、たえず先生に親炙《しんしゃ》しているものでも、初めの一年は容易に筆記はできない」という状態であったのです。哲学のラファエル・フォン・ケーベル、医学のエルウィン・フォン・ベルツなどの講義などはドイツ語でおこなわれました。会津藩士の子でのちに陸軍で名を成した柴五郎などは、陸軍幼年学校でフランス人士官に学んだためにフランス語を母語のように使いこなせたのです。原や福田たちが、外国語で著作をすることができた背景には、いわば「御雇い」外国人時代の日本における高等教育のあり方が、大きく関わっていたのです。自前の学問ということが、外国語によるコミュニケーション能力の劣化をもたらしたとすれば、ここには考えなければならないある問題があるように思われます。

一九五〇年代以降の新しい潮流

最後に取り上げるのは、一九五〇年代末に日本の西洋中世史学を新しい段階に導いたと私が評価する、「国王自由人」学説をめぐる研究の潮流です。これは戦後の西ドイツ学界を大きく揺さぶったいわゆるコンスタンツ学派の主張に鋭敏に反応した日本の若いドイツ中世史家直居淳《なおいじゅん》が、帰国後に組織した研究グループが中心となって西洋中世における「自由」の、非近代的、すなわち中世的自由の構造を突きとめようとした研究プロジェクトでした。直居自身は東京大学文学部の西洋史専攻出身でしたが、このグループのメンバーとなったなかには、法学部や経済学部出身者、つまり法制史、経済史を専門とする研究者が数多く加わり、西洋史専攻の研究者をしのぐ重要性を占めたのです。しかもそこには西洋中世史の専門家だけでなく、日本史、日本法制史の優秀な若手研究者も加わり、議論の広がりを保証したのでした。西ドイツ学界との太いパイプをもったこの研究グループの活動研究水準の高さは、当初からコンスタンツ派の知るところであり、一九六五年にはテオドール・マイヤー、カール・ボーズル、ヘルベルト・ヘルビックの三名の当時のドイツを代表する中世史家が来日し、日本の学者と交流したのでした。この間の経緯については久保正幡《まさはた》・石川武の文章に詳しく語られています。

私のみるところ、共同研究の成果『中世の自由と国家』全三巻に収められた諸論考、および石川武『序説・中世初期の自由と国家』、その他の個別モノグラフィーは、中世初期史に限らず、日本の西洋史学においてもっとも自立的で、なおかつ史料論的現代性にも富む研究と評価されてしかるべきと思われます。たとえ問題への契機は外在的であっても、史料に即して議論を構築することの歴史学的・知的意味が読む側にひしひしと伝わってくるのです。「国王自由人」学説の検討をめぐる研究の成果は、わが国の西洋中世史学をそのもっとも高い水準に押し上げたというのが、私の実感です。

ヨーロッパ中世において自由とは何であったか、という問いかけを日本人が発するとき、それはかつて三浦新七が述べた「自らの歴史的位置を知るため」と称する「実用主義的」発想と無縁であることは困難に違いありません。しかしそれを踏まえたうえで、彼の言う「学問のための学問」であるかのような境地で知的営為に勤しむことができないでしょうか。歴史学の実用主義と理想主義を二つながら実践の規範として歴史家としてのわが身を持する以外には、自国の歴史ではない歴史を学ぶ者に選択の道はないのではないでしょうか。日本史を専門にする欧米の歴史家に尋ねてみたい疑問です。

第十三章　戦間期日本において西洋中世史家であること——鈴木成高の場合

本章は、前章で取り上げた上原専禄と同じ西洋中世史家第三世代に属した鈴木成高《しげたか》に焦点をあて、戦間期および戦中の日本においてその思想と言動において上原と対照的な軌跡を描き、自分なりの「アンガジュマン」を実践した一人の西洋中世史家の姿をたどりました。

『史学雑誌』にみる歴史学界の構成

最初に、中世ヨーロッパの歴史家が日本で置かれている状況を浮彫りにする一連の数字を示したいと思います。この主題に関係する統計情報が不足していたので、私はわが国の学術誌の代表の一つである『史学雑誌』と称する月刊の雑誌の各号の巻末に掲載されている、歴史関連の著作のリストを数えながら自分でデータを作成しました。雑誌のタイトルをフランス語に直訳すると「Revue historique」となります。その名称は、ガブリエル・モノーとギュスターヴ・ファニエスによって創刊されたフランスの著名な雑誌にあやかって付けられたのではなく、ドイツの雑誌『*Historische Zeitschrift*』に因んで名づけられた事実を銘記しなければなりません。これには理由があります。一八八九年に創刊された『史学雑誌』の刊行を奨励し実行したのは、レオポルト・フォン・ランケの弟子の一人で、当時明治新政府の官僚として東京帝国大学教授であったルートヴィヒ・リース(一八六一〜一九二八)の肝煎《きもいり》であったからです

ついでに指摘しておきますが、明治維新から約一世代の間、当時日本の高等教育機関であった東京帝国大学で教鞭をとっていたヨーロッパ人かアメリカ人の教師は非常に多かったのです。そのため、日本人向けの授業がすべて外国語でおこなわれる例が圧倒的に多数を占めました。その結果、明治時代の学生は、例えば今日のドイツ文学やフランス文学の教師よりも、西洋言語の話し言葉や書き言葉の才能に恵まれていた可能性があります。明治政府はその後一世代にわたって試行錯誤を続けたすえに、帝国大学の卒業生のなかから大学教員を採用することに成功したのです。

ここで私たち自身の歴史雑誌に掲載された作品のリストを数え上げる作業に戻りましょう。近年の数的データを得るために、私は一九九九年に出版された号をサンプルとして選びました。日本の歴史科学の雑誌に掲載されているもののなかでもっとも完全なリストによると、この年に中世ヨーロッパの歴史に関して一八三点の論文が刊行されました。論文集の形式であることがもっとも多い単著は一六冊が出版されました。したがって一九九九年に、中世ヨーロッパの歴史に特化した研究は合計一九九点が出版されたことになります。これら一九九点のうち、一、二点の例外は除いて、すべて日本語で書かれました。この年間数値は、過去数年間の平均値とみなすことができます。

一例として、この年にギリシア・ローマ古代史の分野で発表された研究の数を紹介したいと思います。それは中世ヨーロッパの分野で書かれた歴史研究の半数にあたる九八点です。さらに統計を続けましょう。西

洋近代史の分野では、合計四七七点の学術的著作があり、現代史の分野では、この数字は二九六になります。現代史が第二次世界大戦後を起点にしていることによる数字です。

西洋史のさまざまな分野において、私たちは一九九九年に国内で合計一〇七〇点の学術的な歴史研究の成果を生み出しました。この点について、わが国では歴史家の研究活動が、日本史、東洋史、西洋史の三つの地理的区画に分かれていることに注意する必要があります。このような歴史研究の分野構成は、公立、私立を問わず、多くの日本における大学の歴史学科の組織部門の構成の仕方でもあります。つまり、歴史学科がある場合(つねにそうであるとは限りませんが)、私が属する名古屋大学と同様に、通常、日本史、中国およびアフリカ大陸その他の東洋諸国の歴史、そして最後にヨーロッパとアメリカ合衆国を擁する西洋史の三つのセクションで構成されているのです。

地理と距離の観点から私たちの列島のなかでもっとも遠い世界、もっとも遠い場所の研究をする人々への、ある種の賞賛の感情が人々の間に呼び覚まされているにもかかわらず、西洋史家は日本の歴史家仲間のなかで「貧しい親族」であることを苦々しく認めなければなりません。参考までに、日本史を専門とする歴史家や東洋・アフリカ諸国の歴史を扱う歴史家の活動を、著作の数字をもとに紹介したいと思います。相変わらず一九九九年の数字ですが、東洋史研究者が出版した研究論文と著書は、概数で二〇〇〇点です。しかし日本史の専門家が発表した業績は圧倒的に多数で、これは一九九九年には約四七〇〇点です。私が西洋史家、つまり西洋世界のさまざまな分野の歴史を研究している日本人の歴史家を、日本の歴史家一族における「貧しい親族」と呼んだ理由が理解できたと思います。もちろん自国の歴史を専門とする日本の歴史家は、日本語以外の言語で著作をする必要はありません。

日本の歴史を研究しようとする外国人歴史家が、日本語で書く日本人学者の著作だけでなく、古代の文体で書かれた史料や、日本人でもとくに特別の訓練を受けなければ、普通の人々にはほとんど解読不能の経典も読まなければならないのは当然です。皆さんの同胞のなかには、例えば故ベルナール・フランク(彼は歴史家ではなく古代文学の偉大な専門家でした)、フランシーヌ・エライユ、そして若い世代のピエール・スイリなど、優れた日本語通が何人もいます。確固たる文献学の伝統が定着している国の名前をあげた人々や、他の同僚たちを私が尊敬するのは、彼らが実際に研究に取り組む姿勢です。もちろん、参照する文字記録が書かれている言語を学習、あるいは習得することは不可欠です。この観点から、私が先にあげた日本人の西洋史家に関する統計は、現在多くの学生や若い研究者が、いまや日本人特有の慎み深さを捨てようとしているなかにあって、歴史研究の国際的な動向に加わる断固たる決意の欠如を、何がしか物語っているのではないかと危惧します。

開国後の歴史家たち

しかしながら、私たちが今のところ日本人の西洋史家にみているような慎重な態度が、彼らの外国語の習得能力の低さに由来しているとみるなら、それはまったく公平とはいえません。それは、言語上の能力ではなく、偉大な理論や物事の形而上学的な要素を高く評価する特定の知的および精神的な傾向性からもたらされているように思われます。

日本思想史の偉大な専門家、丸山真男（一九一四〜九六）は、近代の合理的な精神が日本人の間に定着するのを妨げた、わが国の知的風土について考察しました。彼は日本人の心のなかに、経験に対する二つの相《あい》反する立場があり、それがより成熟した思想を達成するための多様なアイディアの統合を妨げていると考えました。つまり一方で、理論や思想から距離を置くことが難しい知識人の間でよくみられる特徴で、この立場を「理論信仰」と呼ぶことができます。その一方で、とくに一般の人々にみられる、理論的価値を断固として拒否し、素朴に生きた経験を大事にする心的態度があり、丸山はこれを「実感信仰」と呼びました。彼が日本思想と呼んでいるものは、特定の瞬間になんらかの理由で断続的に表象が噴出するはずのこの二つの「信仰」の秩序のない一種の同居または並置現象なのです。雑多な思想の構造化を達成するこれら二つの「信仰」の間に、対立は存在しません。したがって、丸山にとって、狂信的な軍国主義者が中間領域にとどまらず、それを突き抜けて突然絶対的平和主義者になるのをみるのは驚くべきことではなかったのです。私たちは第二次世界大戦直後に、何百万件ものこの種の事例を知っています。ここで私は、丸山による日本人の特有の考え方の一側面を指摘するにとどめます。

開国後の日本の歴史学、すなわち一八六八年の明治維新からの歴史学を回顧的に振り返ってみますと、明治維新以前に歴史家であった重野安繹《しげのやすつぐ》や久米邦武のような人々を第一世代とするならば、維新以後に生まれた原勝郎《かつろう》のような歴史家が第二世代、そして十九世紀の八〇年代から二十世紀の初期に生まれた第三世代の西洋中世史家の存在に目をとめるに違いありません。この第三世代の歴史家たちの間には、西洋史研究の伝統に関して二つの明瞭に異なる考え方がありました。

この世代に属する上原専禄《せんろく》(一八九九〜一九七五)は、その一方の流れを代表しています。彼は三年間(一九二三〜二五年)にわたりウィーン大学でアルフォンス・ドプシュのもとで学生として研究し、ヨーロッパ人と同じ手法を体得し、これを活用する点についていかなる迷いもありませんでした。彼は道徳的および学問的自律性を内包する中世史家としてのアイデンティティを確立するために、そして外の世界に対してようやく開かれた国からきた若い歴史家として、賞賛に値する誠実さと大胆な野心を携えてヨーロッパにやってきました。その著作は学問的蓄積という点ではそれほどの独創性を示していないものの、それでも中世西洋を専門とする真正の歴史家でありたいという彼の議論の余地のない情熱を証明しています。

私はこの流れ、すなわちこの実証主義的な潮流と意図が、当時の日本における西洋中世史家が形成する世界に確立されなかったことを非常に残念に思います。事実と史料の探究者としての歴史家の王道を歩んできた日本、中国、あるいはアジアの歴史家・専門家たちと並んで、やがて排外思想がますます増大する世情が一種のヴァレリー風の文化批判や文明批評に傾斜するなかで、日本の西洋中世史家は、オメガではないにしても、間違いなくすべての歴史的研究のアルファである歴史史料の研究に対峙することははなはだ少なかったのです。

フランスの歴史家のマルク・ブロックやリュシアン・フェーヴルを筆頭とする革新者たちによって非常に批判されている方法学派の実証主義に対して、私が与える楽観的な論調に皆さんが当惑しているに違いないことは、よく心得ています。この点について十分に知識をおもちの方々にとっては、これは少し心配になる考えに違いありません。ヨーロッパの歴史、とくに中世ヨーロッパの歴史は、鎖国から離脱したばかりの日本の知識人にとってはまったく未知の地平であり、したがって彼らにはこれを研究するための確固とした適切な伝統を確立するための十分な時間的余裕がありませんでした。この大きな違いが、西洋史家が置かれている状況と、日本および中国の文献学的方法で踏み固められた長い道程を歩んできた、中国学者や日本史学や日本学が属する知的状態を分けているのです。日本人によるヨーロッパ中世史の発見は、とりわけ、遠く離れていながらもその発展という点で、互いに類似した二つの文明の比較への関心を喚起するものでした。これは、私たちが優れた中世史家になるのに、最初から多少のハンディを負っていた文化的な理由の一つです。

たしかに、キリスト教徒ではなかった日本の西洋史家にとって、中世ヨーロッパとは何よりもまず、自らの歴史の展開を正確に解釈するための参照枠であり、それ自体関心の対象ではありませんでした。物や人をよく理解するためには、その物や人に対して一定の愛着をもつ必要があります。しかし、そのような感情は日本の知的エリートたちにいわば禁じられていました。彼らにアドバイスされたのは、「和の魂をもった西洋の知(和魂洋才)」という表現が意味するような心がけを失わないことでした。このような精神状態はヨーロッパ中世文明を、ヨーロッパ人と同じ方法で、古典語で書かれた史料を用いて、根底的に学ぶための妨げになりました。

独学者の秀逸な論文

私の師である鈴木成高は、一九〇七年に旧国名を土佐と称した高知県に生まれました。土佐は、徳川幕府政権に対する反乱を成功させた国の一つに属します。初等中等教育を経て、一九二六年に京都帝国大学文学部西洋史学科に入学しました。西洋史学科の責任者は、西洋史学の専門家である坂口昂《たかし》教授と、二年間の留学を終えてヨーロッパから帰国したばかりの若い西洋中世史家の植村清之助助教授でした。植村は中世初期の専門家であり、学生であった鈴木は師の影響を受けて、同じ中世を研究対象として、学士号取得のための卒業論文の主題に「西洋中世における修道制の発展」を選びました。正確に申しますとこの時期に「monasticism」を「修道制」と日本語の訳語として用いる習慣がなかったため、鈴木はこれを「モナステシズム」と音訳して卒業論文を作成しました。この優秀な学生にとって不運であったのは、彼が入学して一年後の一九二八年に、坂口教授と植村助教授が相次いで急逝したことでした。彼は自分が突然知的孤児になったのに気づきました。鈴木は晩年に著した自らの年譜で、このことを「師運に恵まれざるを悲しむ」と記していますが、その暗然たる心境がうかがわれます。私が二人のうち若手の死をとくに残念に思うのは、植村清之助は日本の西洋中世史学において上原専禄とともに、西洋中世史研究のより強固な伝統を確立する先駆者となったであろうし、その弟子の鈴木成高も間違いなく、文書やその他のラテン語史料の研究がもたらす、この世界の魅力に惹かれるはずだからです。

これら一切の不運にもかかわらず、この才能ある独学者は二十四歳で一つの研究(修士論文)を完成し、一九三一年にこれを「テオドリック大王によるイタリア統治」のタイトルで専門誌に発表しました。そこに歴史叙述の成熟と、そのほとんどを小さな町で過ごした二十歳をわずかに超えたばかりのこの青年が表明した、はるか遠く離れた世界の歴史問題を理解する自信、その両方が見て取れるのに人は驚かされるに違いありません。二十世紀の最初の二〇年に、波濤煌めく太平洋の海沿いの小さな町で大半を過ごした青年が、その論文のわずか四〇ページで、いわゆる破局説を断固として反駁し、テオドリック時代のイタリア統治の歴史的意義とこの君主の政治的理念を、ローマの伝統とこの蛮族の王が属した東ゴート・アマリ部族の伝統の交錯のなかで、浮彫りにしようとしたのです。彼が展開した議論は、ヨーロッパの中世史家たちの著作を読んで導かれたものであることはいうまでもありません。彼が論じた問題については、すでに確立した見解が提示されていました。四九三年にテオドリックがイタリアで王位に即いたとき、東ゴート王権の創設も同時に起こったのであろうか、それともすでに形成されていたアマリ族の部族王権が、ローマ市民を自らの支配に統合することによって、自身がローマ的統治の伝統を継承する王権に変容したのであろうか等々の問いが投げかけられています。

日本の西洋中世史家の第二世代は、幾許かレオポルト・フォン・ランケの孫弟子であったという必要があります。なぜなら、東京でこの世代の歴史家を育てたのは、すでに指摘したように、ランケの弟子の一人であったルートヴィヒ・リースだったからです。ですから、ドイツの歴史学の重みは圧倒的で、鈴木の師であった植村も東京帝国大学のリースの弟子の一人でした。しかし、鈴木は知的かつ文化的な影響を吸収しましたが、それほどゲルマニストではありませんでした。彼はテオドリック大王を、ローマ文明に完全に触発され、ローマ文明の法と秩序の源泉となる起源となった市民文化を維持しようと決心した人物として描きました。若き鈴木はテオドリック大王とカール大帝を比較し、後者が受けた帝国はカトリック主義を標榜する理念的な帝国であったのに対して、前者にとって帝国は純粋の生の現実でした。

彼がこの研究を準備したとき、彼は数的にも、スタイルの面でも、多様性が非常に限られた著作しか入手できませんでした。今日では古典となっていますが、一九四七年に出版されたヴィルヘルム・エンスリン著『テオドリック大王』はまだありませんでした。参考文献や引用からわかるのは、彼は特殊研究よりも、一連の概説書で満足せざるをえなかったということです。そうした著作の名前をいくつかあげるならば、フェリクス・ダーン著『ゲルマン人諸王』全二〇巻(一八六一～一九一一年)、ジョン・バグネル・ベリー『ゲルマン人のヨーロッパ侵入』(一九二八年)、アルフォンス・ドプシュ『ヨーロッパ文化発展の経済的社会的基礎』(一九二三～二四年)、フェルディナン・ロット『古代世界の終焉《しゅうえん》と中世の開幕』(一九二七年)、ハンス・デルブリュック『政治史の枠組でとらえた戦争学』全四巻(一九〇〇～二〇年)などです。彼は同時代のラテン語の史料を必ず参照しました。カッシオドルスのヴァリアエがもっとも頻繁に言及されました。さらに、古典作家としてヨルダネス、プロコピオス、アノニムス・ヴァレシアヌスの名前をあげることができます。

われわれは、若き鈴木が中世ヨーロッパ史の研究を遂行した時代の貧寒な状況を指摘しなければなりません。一八九七年に第二の帝国大学として創立された京都帝国大学は、一九〇六年に西洋史学科が所属する文学部を設置しました。その二〇年後に、鈴木成高は西洋史学科に登録したのです。西洋史の文献に関して図書館がわずかな蔵書しか備えていなかったことは、容易に推測できます。明治政府には適切な予算を与える余裕はなく、主に国費によってヨーロッパやアメリカに派遣された教授たちが個人的に購入した書物が研究手段になったのです。学生の鈴木は、ドイツの膨大な史料集であった『*Monumenta Germaniae*

Historica（モヌメンタ・ゲルマニアエ・ヒストリカ）』を除いて、学科の貧弱な図書室を利用するのではなく、必要な本のほとんどを師である植村から借りなければならなかったのです。

ランケに学んだ視点と行動

一九二〇年代末期に日本で中世ヨーロッパを学ぶ学生を取り巻くこのような不幸な物質的状況にもかかわらず、鈴木はテオドリック大王の問題や、これと関連する問題についての必要な歴史的知識と、文献についての知識を比較的短期間のうちに習得するという驚くべき知的能力を証明してみせたのです。彼の最初の論文で、鈴木成高をのちの鈴木成高たらしむるいくつかの重要な要素を見つけることができるでしょう。それはレトリックをはらんだ生き生きした叙述、卓抜な洞察力、そしてテオドリックがローマの幸福を夢みていたときの描写から見て取れる、控えめなロマンティシズムなどです。

その翌年の一九三二年に、彼は母校の講師に任命されました。彼には明るい未来が開けているようにみえました。しかし、その年の秋に、彼は病を患うことになってしまいました。病名は肺結核。彼は故郷近くの太平洋の海浜で療養生活を送るために、京都帝国大学を辞さなければなりませんでした。大学の環境を不在にしたことは、彼の将来のキャリアにとってそれほど痛手ではありませんでした。それというのも二年後に病が癒えると、幸運にも元のポストに復職することができたからです。私の考えでは、彼にとってより深刻だったのは、もはや自分の健康に全幅の信頼を置くことができず、ヨーロッパに渡る長期の船旅や、異国の地で二年あるいは三年にわたり勉学生活を続けるのに不可欠な、身体的抵抗力に自信がもてなくなったことでした。もし健康上の問題がなければ、前任者と同じように、彼もヨーロッパを訪れてそこで研究生活を送る機会があったはずでした。もしそれが実現していたならば、ヨーロッパ時代の彼の経験は、この国の歴史学界全体にとって限りなく貴重なものとなったに違いありません。彼の洞察力があれば、例えば一九三五年に書いた論文のように、ヨーロッパにおける封建制の起源を証明するために、史料に記されている事実を大幅に抽象化して理解することを自らに許すことはなかったと思われます。研究対象となる土地に足を踏み入れ、ヨーロッパの風光にじかにふれることは、生きられた世界から遊離することの不安を彼のうちに育み、過度の抽象化にとってブレーキとして働いたに違いないからです。

同時に、彼がこの若い学者としての苦しみを経験していたとき、日本の政界と知識人の世界は何年も前のウォール街に端を発した経済危機によって強く揺さぶられていたことを認めなければなりません。そして、カーキ色の軍服がますます横柄なやり方で政治の表舞台に登場したことによっても動揺しました。一九三〇年代に日本が直面した社会危機は、国家的価値観への回帰、さらにはその賞賛に向けて、日本国民を動員しました。この点で京都の学者エリート集団が一定の役割を演じたことはよく知られています。その集団は京都学派と呼ばれ、著名な哲学者西田幾太郎《きたろう》を中心とした若い弟子たちが中心となっていました。そして鈴木もこのグループに加わっていました。

彼は京都帝国大学の中世史家としての使命を放棄することなく、歴史の形而上学的な側面や、東洋と西洋を対立させる文明の問題にますます興味をもつようになりました。彼らは世界の植民地主義的分断における西洋、とくにアングロ・サクソン人の覇権獲得が体現した近代という時代が終わりを迎えつつあると考えていました。三十二歳のとき、鈴木は『ランケと世界史学』と題する著作を出版しました。

鈴木にとって「世界史」すなわち「普遍史」とは何を意味したのでしょうか。ランケの著作を読んで彼が学んだのは、普遍史とは世界人類全体の歴史を理解するための視点であり、知的態度であるということでした。彼は普遍的な歴史とは、個別化された諸国家それぞれの歴史の総和ではないと書いています。良い国民国家の歴史を積み上げても、一つの良い普遍的な歴史をつくることはできない。彼にとって重要だったのは、人類の発展の意味を知的に把握できる、独自の視点を獲得し、自らのものとすることでした。鈴木はランケの歴史観に涵養されることでランケ流の静寂主義を超えて、歴史家は自分の属する時代が解決を求めている差し迫った問題に向き合わなければならないと確信したかのようでした。普遍史の歴史家としての彼の見方によれば、植民地獲得競争や帝国主義に向けての人類の展開のもっとも深刻な起源となったのは、その帰趨《きすう》が第一次世界大戦で具体化され、やがて第二次世界大戦でより大規模な形で具現することになるもの、すなわち現代なるものの出現であったのです。彼は近代が生み出した発展の論理から離れなければなりませんでした。それは単に反論や否定することではなく、近代を超克し、その清算をより高い次元で実現することでした。この結論を携え、当時の非常に軍国主義的な政治情勢（私たちは一九三〇年代の終わりのことをいっています）のなかで、その性格の誠実さから、時代にコミットする歴史家として行動しないではいられなかったのです。たとえ彼の政府がナチス・ドイツとムッソリーニのイタリアとの同盟条約に調印したばかりであったとしても、日本がアメリカに対して宣戦布告するなどは問題外の事態でした。もし日本が戦争に向けての最後の一歩を進めるならば、それは近代が紡ぎ出し、彼があれほど唾棄した論理への荷担、あるいはむしろそれへの服従を意味します。この点に関連していえば、日本の軍国主義が中国に戦線を広げたことを批判せずにいたことを、指摘しないのは公平とはいえないでしょう。西洋文化に涵養された日本の知識人が、当時問題の中国的側面を無視する傾向があったのは事実であり、鈴木成高も例外ではなかったと認めざるをえません。

私が賞賛するのは、鈴木が学問的思索の帰結に即して実際に行動を起こしたことです。誰が主導権を握ったのかは不明ですが、いずれにせよ、鈴木を含め哲学者を中心とした京都帝国大学の教授たちは、太平洋での宣戦布告を阻止するために京都で小さな秘密グループを組織しました。たしかに、活動の次元は主に戦争反対の意見を表明する言論の場に限定されていました。彼らは実は帝国海軍省の支援を受けていました。海軍省は、アメリカに進んで宣戦布告するにはあまりにアメリカの軍事力を熟知しており、大陸での陸軍の拡大主義的な作戦に懸念をもっていました。京都グループの学者たちにとって、それは何ほどか、思想学問が歴史の方向性に介入できるかどうかの賭けだったのです。歴史が明らかに示しているように、彼らのこの努力は成功しませんでした。一九四一年十二月八日の真珠湾への予期せぬ攻撃ののち、彼らは月に一、二回の定期的な会議での秘密の談話から抜粋した会議録を、さまざまな雑誌に転載し続けました。今度は日本とアメリカの間で戦争をできる限り早期に終結させるためです。戦争の行過ぎを不安視する海軍省の平和主義派によってつねに支援されていた彼らのメディア・キャンペーンは、それほど目覚ましい効果をもたらさず、陸軍に敵視され、そうした士官の一人は、戦争末期の講演会で彼らを公然と批判し、アメリカ軍の本土決戦のあかつきには、すべてのアングロ・サクソン人捕虜、すべての朝鮮人、そして京都学派全員を殺害する命令を発すると威嚇したりしました。幸いなことに、そうした事態が起こらなかったことはご存知の通りです。この点で悲劇的であったのは、戦争拡大に反対する彼らの政治的アンガジュマンが、結局はささやかなものでしかなかったにもかかわらず、彼らの言説が戦時中に広く公にされ、彼らが自説を展開した文脈そのものにより、彼らに戦争協力者というイメージがつくりあげられることになったことでした。

このひそかなアンガジュマン活動のほかは、鈴木成高は日々の残る時間を研究と教育にあてました。彼は自分の研究時間を意識的に二つに分け、一方は西洋中世史研究に、もう一方を哲学や自らが生きる時代の認識に強く結びついた歴史認識論一般の研究にあてたのではないかと思われます。前者に関しては以下のような一連のタイトルで表される論文を出版しました。すなわち「中世における荘園の構造」「資本主義の起源をめぐる問題」「中世における支配する者と支配される者」「中世商業の特徴――長距離交易序論」と「西洋教会の地方的伝統」。後者、つまりやや形而上学的な歴史の考察に関しては、以下の作品があげられます。「転換期の現在と普遍史の問題」「進歩思想と歴史主義」「普遍史思想の史学史的概観」などです。彼の学術研究は、いずれにせよ戦時体制下の特定の雰囲気を何も伝えていないといわざるをえません。

一九四五年八月十五日、日本は敗北し、連合軍司令官ダグラス・マッカーサーが率いるＧＨＱ（総司令部）の支援のもと、古い全体主義体制からより民主的な新しい体制への転換を開始しました。そして一九四六年、連合国軍司令官の名で、戦時政府に協力した、あるいは協力したとみなされた人々を公職から追放する旨の法令に署名しました。雑誌『中央公論』に何度か掲載された議論により、京都グループは、論客として日本国民から大きな注目を集めていました。実際、この雑誌は戦争に表立って明確に反対はしなかったものの、世論をそれほど強硬ではない、より妥協的な目標に向けて導こうとしたのです。帝国海軍は対米宣戦布告に対して一貫して消極的であったにもかかわらず、ハワイのアメリカ海軍基地を急襲攻撃したのは海軍でした。京都グループは戦時中に海軍の一部と秘密裏に連絡を取り続けましたが、戦争協力の責任はまぬがれませんでした。

このグループに属する四人の主要メンバーのうち、哲学者の高坂正顕《こうさかまさあき》は終戦の年に京都帝国大学人文科学研究所所長の職を辞しました。翌年の四六年に同じく哲学者の高山《こうやま》岩男教授も同大学の教授職を追われました。一九四七年には哲学者西谷啓治教授と中世史家の鈴木成高が辞職しました。

主著による歴史観察の視座

鈴木は辞任の半年後、『封建社会の研究』というタイトルの六七三頁の分厚い著書を出版しました。この総合書は二部構成となっており、第一部は「封建社会の形成と構造」、第二部は「封建社会と資本主義」と題されています。封建社会という標題のもとに、中世ヨーロッパの歴史を観察するために彼が選んだ視点は、とくに中世社会の制度的および経済的側面に注意を払うものでした。京都帝国大学辞職の二カ月後に彼が書いた序文のなかで、彼は次のように述べています。

封建制は中世の歴史の中で最も根本的な問題のひとつです。すべての中世史家にとって、封建制を研究することは個人的関心の問題ではなく、中世史家であることに内在する義務でなければなりません。

もし私がそれを引き受けたならば、それは関心に基づくより、いま述べた動機によるものです。……私にとって、禁欲的な行為の所産として、「封建社会の研究」を実践したのです。

彼は、一九三九年から四〇年にかけて出版された、いまやこの主題の古典となっているマルク・ブロックの著作を知りませんでした。なぜなら、鈴木は明らかに戦争が理由で、ヨーロッパやアメリカで出版された著作へのアクセスを自制しなければならなかったからです。数年後、例えば高橋幸八郎《こうはちろう》、ポール・スウィージー、モーリス・ドブなどのマルクス主義の歴史家の間で国際的な論争を引き起こすことになる「封建制から資本主義へ」の移行論の主題を与えたのは、彼の著作に起因するように、私には思われます。

第二次世界大戦が終わると、超国家主義的体制下では厳しく禁止されていたマルクス主義歴史学の復活と支配が生まれました。一方の極端な事態から、もう一方の極端への振り子の移動は、私たちの歴史を通じて珍しくはない例ですが、中世史家の多数派はマルクス主義が提示する問題と参照枠に結集したのです。私の考えでは、さらに好ましくないことに、それはマルクス主義の理論的側面だけでなく、カール・マルクスの時代の水準での事実認識に同意するような中世史家が現れたことです。その意味で、私たちは歴史科学の衰退のようなものを経験しました。「戦後歴史学」において、歴史性を捨象して人類と社会の進化を議論することが多すぎたように思います。西洋史家の世界において、彼らが評価する学問的価値のなかで、学殖とは貧しい親族なのだといいたいのです。西洋史家である同僚の間で史料の解釈をめぐって論争になることは稀なことです。われわれは理論問題をめぐる論争のほうを高く評価しますし、実際そうした論争のほうが、数が多いのです。なぜならヨーロッパ人ではない日本人にとって、事実そのものはさして重要ではなく、歴史家が歴史概念をつくりあげる材料としての意味しかもたないからです。

そのような知的な雰囲気のなかで、鈴木はマルクス主義の理論枠を参照することなく、中世の歴史発展を、制度的および経済的側面に光を当てながら、古代の終焉から近代の開幕までを、その主著のなかで説明しようと試みたと思われます。資本の本源的蓄積など、マルクス主義理論に馴染みのある概念を、彼は完全に排除したわけではありませんが、日本語で書かれたヨーロッパの封建社会の研究にとって独創的かつ重要な著作を生み出すことに成功したように思われます。しかし彼の著作は、戦争に責任を負わせようとした学界の完全な無視の態度に遭遇しました。もし彼が当時の学問潮流の本流にもう少し近づいていたなら、彼はそのような完全な拒否に遭遇しなかったに違いありません。彼は一貫性のある人でした。戦時中、彼は狂信的軍人や右翼からリベラルであると批判され、戦後は歴史家たちからの大きな無視の沈黙に遭遇しました。それは、物事を一気に見て取る洞察力の持主がたどる運命ともいえます。

こうした事態すべてにもかかわらず、彼は研究と教育をやめることはしませんでした。東京の早稲田大学に受け入れられたのち、彼は文化史の研究に時間を費やし、約三〇篇の論文と一〇冊の単行本を執筆しました。彼は一九八八年に、戦中の言動に一言の弁明をすることなく、沈黙のうちに八十歳でこの世を去りました。近年、鈴木教授の古い著作を見直す動きがあります。私はその再発見が最高傑作、つまり封建社会の研究に到達することを願っています。

おわりに

「はじめに」でも述べたことだが、本書は私がこれまでおこなった講演を活字化して一書にまとめたものである。手元の記録にあるこれまでおこなった合計四四回の講演のなかから抜き出した一〇回の講演に、第四、第五、第六、第七章を成している四篇の学会、研究会の報告と、新聞に掲載した文章を加えて構成した。

テーマの選択にあたっては、あえて共通性を考慮することをしないで、むしろ多様な主題を選ぶようにすることに意を用いた。

このなかでもっとも古いのが講演ではなく、唯一「コラム」の括りで紹介されている短文である。これは博士号取得論文を出版したおりに、朝日新聞名古屋本社からの依頼で寄稿した文章である。この他は講演、研究報告ジャンルは異なるもののいずれも口頭による発話である。このなかでもっとも古いのは二〇〇一年の滞仏中に、わが国でも松村剛訳『中世の身ぶり』(みすず書房)の著者として知られている、旧知の中世史家ジャン゠クロード・シュミット教授が日本の西洋中世史家を取り上げて紹介して欲しいとの願いに応えて、師として敬愛する鈴木成高《しげたか》先生について、ラスパイユ街の社会科学高等研究院(EHESS)においてフランス語でおこなった講演である。自らの師を語るのは容易ではない。

おそらくこの講演は、日本語でテクストをつくらなければならない状況であったなら、断念したに違いない。二〇二四年五月に、ミシェル・フーコーの講義ノート『ニーチェ論』が出版されたが、このなかでフーコーは「共に思考し、共に著作していながら、それについて書くことをしない著作家をもつことは重要だ」という趣旨のことを書いている。フーコーにとってそれはニーチェなのだが、このフーコーの言説とまったく同じロジックではなく、それとは異なるものの私の鈴木先生への思いはその根底で遊弋《ゆうよく》するものには共通するところがあるような気がする。

幸い初めからフランス語で講演草稿をつくったことで、心情的な側面が希釈化されたのであろう。なんとかある程度まとまった話として締めくくることができた。こうした経緯から第十三章の日本語表現にはやや翻訳調が垣間見られるものの、手直しすることをしなかった。

このように拙い講演が、一冊の書物として上梓できることは私にとって望外の幸せである。編集の労をとって戴いた山川出版社編集部に深甚なる感謝を申し上げる次第である。

令和六年七月十二日

佐藤彰一

第十二章

土肥恒之『日本の西洋史学　先駆者たちの肖像』講談社学術文庫, 2023年

フランク・ティボル(西沢龍生訳)『ある亡命者の変身――ゼルフィ・グスターヴ伝』彩流社, 1994年

樺山紘一「今井登志喜」『20世紀の歴史家たち(1)日本編(上)』刀水書房, 1997年

樺山紘一「原勝郎」『20世紀の歴史家たち(1)日本編(上)』刀水書房, 1997年

今谷明「福田徳三」『20世紀の歴史家たち(2)日本編(下)』刀水書房, 1999年

植村清之助『西洋中世史の研究』星野書店, 1930年

三木亘「上原専祿」『20世紀の歴史家たち(1)日本編(上)』刀水書房, 1997年

上原専祿『上原専祿著作集2　ドイツ中世史研究 新版』評論社, 1988年

久保正幡編『中世の自由と国家　上中下』創文社, 1963, 1964, 1969年

石川武『序説・中世初期の自由と国家　国王自由人学説とその問題点』創文社, 1983年

第十三章

丸山真男『日本の思想』岩波新書, 1961年

鈴木成高『ランケと世界史学』弘文堂, 1939年

鈴木成高『歴史的国家の理念』弘文堂, 1941年

鈴木成高『封建社会の研究』弘文堂, 1948年

Coloman E. Viola, “Aristote au Mont Saint-Michel,” in Raymonde Foreville éd., *Millénaire monastique du Mont Saint-Michel*, t. 2: *Vie monastique et rayonnement intellectuel*, Bibliothèque d’histoire et d’archéologie chrétiennes, Paris, 1967, pp. 289–312.

Michael McCormick, *Origins of the European Economy, Communications and Commerce, Ad 300–900*, Cambridge University Press, 2001.

Christoph Luxenberg, *Die Syro-Aramäische Lesart des Koran. Ein Beitrag zur Entschlüsserung der Koransprache*, Verlag Hans Schiler, Berlin, 2000.

ジクリト・フンケ(高尾利数訳)『アラビア文化の遺産』(新装版)みすず書房, 2003年

Sylvain Gouguenheim, *La gloire des Grecs. Sur certains apports culturels de Byzance à l’Europe romane (Xe–début du XIIIe siècle)*, Les Éditions du CERF, Paris, 2017.

第十章

ロレンツォ・ヴァッラ(高橋薫訳)『「コンスタンティヌスの寄進状」を論ず』水声社, 2014年

Wolfram Setz, *Lorenzo Vallas Schrift gegen die Konstantinische Schenkung. De falso credita et ementita Constantini donation. Zur Interpretation und Wirkungsgeschichte*, Max Niemeyer Verlag, Tübingen, 1975.

Les origins du Collège de France (1500–1560), Actes du Colloque international, direct. par Marc Fumaroli, Collège de France/ Klincksieck, Paris, 1998.

Moyen Âge et Renaissance au Collège de France, direct. Pierre Toubert/ Michel Zink, Fayard, Paris, 2009.

第十一章

ジャン・マビヨン(宮松浩憲訳)『ヨーロッパ中世古文書学』九州大学出版会, 2000年

Arnaldo Momigliano, “Die Einrichtung der Geschichte als akademisches Fach und ihre Implikationen,” in id., *Ausgewählte Schriften zur Geschichte und Geschichtssreibung, Bd. 2, Spätantike bis Spätaufklärung*, hrsg. von Anthony Grafton, übersetzt von Kai Brodersen/ Andreas Wittenburg, Verlag J.B.Metzler, Stuttgart/ Weimar, 1999, pp. 136–153.

Guy Bourdé/ Hervé Martin, *Les écoles historiques*, Seuil, Paris, 1990.

マルク・ブロック(松村剛訳)『歴史のための弁明——歴史家の仕事』(新版)岩波書店, 2004年

セニョボス/ラングロア(八本木浄訳)『歴史学研究入門』校倉書房, 1989年

Antoine Prost, *Douze leçons sur l’histoire*, Seuil, Paris, 1996.

446.
第八章
鈴木成高『封建社会の研究』弘文堂，1948年
Susan Reynolds, *Fiefs and Vassals. The Medieval Evidence Reinterpreted*, Oxford University Press, 1994.
Michael Borgolte, “Otto Hintzes Lehre von vom Feudalismus in kritischen Perspektiven des 20. Jahrhunderts,” in id., *Mittelalter in der größeren Welt. Essays zur Geschichtsschreibung und Beiträge zur Forschung*, Tillmann Lohse, Berlin, 2014, pp. 113–134.
Cherles Petit-Dutaillis, *La monarchie féodale en France et en Angleterre, Xe–XIIIe siècle*, Éditions Albin Michel, Paris, 1933.
Jan Dhondt, *Études sur la Naissaance des principautés territoriales en France (IXe–Xe siècle)*De Tempel, Brugge, 1948.
Éric Bournazel, *Le gouvernement capétien au XIIe siècle, 1108–1180. Structures sociales et mutations institutionnelles*, Presses Universitaires de France, 1975.
Éric Bournazel, “Le royauté féodale en France et en Angleterre, Xe–XIIIe siècles,” in Éric Bournazel/ Jean-Pierre Poly, *Les féodalités*, Presses Universitaires de France, Paris 1998, pp. 389–510.
Ferdinand Lot, *Fidèles ou vassaux? Essai sur la nature juridique du lien qui unissait les grands vassaux à la royauté depuis le milieux du IXe jusq'à la fin du XIIe siècle*, Librarie Émille Bouillon, Paris 1904.
Élisabeth magnou-Nortier, “Les «Lois féodales» et la siciété d'après Montesquieu et Marc Bloch ou la seigneurie banale reconsidérée,” *Revue Historique*, t. 289, 1993, pp. 321–360.
Georges Duby, *La société aux XIe et XIIe siècles dans la region maconnaise,* Librarie Armand Colin, Paris 1953.
Matthew Innes, *State and Society in the Early Middle Ages. The Middle Rhine Valley, 400–1000*, Cambridge University Press, 2000.
Simon MacLean, *Kingship and Politics in the Late Ninth Century. Charles the Fat and the End of the Carolingian Empire*, Cambridge University Press, 2003.
第九章
Sylvain Gouguenheim, *Aristote au Mont Saint-Michel. Les racines grecques de l'Europe chrétienne*, Seuil, Paris, 2008.
チャールズ・H・ハスキンズ（別宮貞徳・朝倉文市訳）『十二世紀ルネサンス』（新装版）みすず書房，1997年

Mediterranean, 400–800, Oxford University Press, 2005.
Walter Pohl, "Staat und Herrschaft im Frühmittelalter: Überlegungen zum Forschungsstand," in Stuart Airlie/ Walter Pohl/ Helmut Reimitz (hrsg. von), *Staat im frühen Mittelalter*, Verlag aler Österreichischen Akademie der Wissenschaften Wien, 2006.
佐藤彰一『フランク史 II メロヴィング朝の模索』名古屋大学出版会, 2022年
第四章
Martin Heinzelmann, *Gregory of Tours. History and Society in the Sixth Century*, transl. by Christopher Carroll, Cambridge University Press, 2001.
佐藤彰一『フランク史 II メロヴィング朝の模索』名古屋大学出版会, 2022年
コラム
佐藤彰一『修道院と農民――会計文書から見た中世形成期ロワール地方』名古屋大学出版会, 新版, 2022年
第五章
Roland Delmaire, *Largesse sacrées et res private. L'aerarium imperial et son administration du IVe au VIe siècle*, École Française de Rome, 1989.
Jean Durliat, *Les finances publiques de Diocletien aux Carolingiens*, Verlag Jan Thorbecke, Sigmaringen, 1990.
Josiane Barbier, *Archives oubliées du haut Moyen Age. Les gesta municipalia en Gaule franque (VIe–IXe siècle)*, Honoré Champion Éditeur, Paris, 2014.
第六章
Arthur Giry, *Manuel de Diplomatique*, Slatkin Reprints, Genèves, 1975.
Jean Durliat, *Les finances publiques de Diocletien aux Carolingiens*, Verlag Jan Thorbecke, Sigmaringen, 1990.
Olivier Guyotjennin et ali. *Diplomatique médiévale*, Brepols, Turnhout, 1992.
第七章
Documentos de época visigoda escritos en pizarra (siglos VI–VIII), 2 vols., *Coll. Monumenta Paleographica Medii Aevi, Series Hispanica*, ed. by I. Veláquez Soriano, Brepols, Turnhout, 2000.
Lucien Musset, *Les invasions. Les vagues germaniques*, t. 1. PUF, Paris 1965.
Carlrichard Brühl, "Diplomatique comparée des royaumes barbares," in id., *Aus Mittelalter und Diplomatik. Gesammelte Aufsäze*, Bd. II: *Studien zur Diplomatik*, Weidemannsche Verlag, Hildesheim, 1989, pp, 495–527.
G. Ripoll López, "Symbolic life and signs of identity in Visigothic times," in P. Heather ed., *The Visigoths from Migration Period to the Seventh Century. An Ethnographic Perspective*, The Boydell Press, Woodbridge, 1999, pp. 403–

講演集　主要参照文献リスト

第一章

アンリ・ピレンヌ(中村宏・佐々木克己訳／増田四郎監修)『ヨーロッパ世界の誕生――マホメットとシャルルマーニュ』創文社, 1960年

Jean-Pierre Devroey, “Juifs et Syriens. À propos de la géographie économique de la Gaule au Haut Moyen Âge”, in J.–M. Duvosquel/ E. Thoen, *Peasants and Townsmen in Medieval Europe. Studies in honorem Adriaan Verhulst,* Snoeck-Ducaju & Zoon, Gent, 1995, pp. 51–72.

Maurice Lombard, “L’or musulman du VII*e* au XI*e* siècle. Les bases moneetaires d’une suprématie économique”, *Annales: Économies, Sociétés, Civilisations*, t. 2 (2), avril-juin, 1947, pp.143–160.

Georges Tate, *Les campagnes de la Syrie du Nord du II*e *au VII*e *siècle,* t. I, Paul Geuthner, Paris 1992.

渡辺金一『中世ローマ帝国――世界史を見直す』岩波新書, 1980年

Claudine Dauphin, *La Palestine byzantine, peuplement et populations*, 3vols, Archaeopress, Oxford, 1998.

第二章

佐藤彰一『中世世界とは何か(ヨーロッパの中世１)』岩波書店, 2008年

Irene Marzolff/ Joahim Henning, “A virtual view of Pliska: Integrating remote sensing, geophysical and archaeological survey data into a geographical information system,” in *Millenium Studien, Post-Roman Towns, trade and Settlement in Europe and Byzantium*, vol. 2: *Byzantium, Pliska, and the Balkans*, ed. by Joachim Henning, Walter de Gruyter, Berlin/ New York, 2007, pp. 417–432.

Peter Heather, *Empires and Barbarians. Migration, Development and the Birth of Europe*, Pan Books, London, 2010.

Sylvain Gouguenheim, *Aristote au Mont Saint-Michel. Les racines grecques de l’Europe chrétienne*, Seuil, Paris, 2008.

第三章

山田欣吾「国家史を記述すること――Verfassungsgeschiteについて」同『国家そして社会――地域史の視点』創文社, 1992年所収

ジョセフ・ストレイヤー(鷲見誠一訳)『近代国家の起源』岩波新書, 1975年

Gerd Althoff, *Die Ottonen. Königsherrschaft ohne Staat*, Verlag W. Kohlhammer, Stuttgart/ Berlin/ Köln, 2005.

Chris Wickham, *Framing the Early Middle Ages, Europe and the*

執筆者紹介

佐藤彰一　さとう しょういち

1945年生まれ
早稲田大学大学院文学研究科博士課程単位取得退学
専攻，西洋中世史
名古屋大学名誉教授　博士(文学)

主要著書

『修道院と農民――会計文書から見た西洋中世形成期ロワール地方』
(名古屋大学出版会 1997，日本学士院賞)
『ポスト・ローマ期フランク史の研究』(岩波書店 2000)
『中世初期フランス地域史の研究』(岩波書店 2004)
『歴史書を読む――『歴史十書』のテクスト科学』(山川出版社 2004)
『中世世界とは何か　(ヨーロッパの中世１)』(岩波書店 2008)
『フランク史Ⅰ　クローヴィス以前』(名古屋大学出版会 2021)
『フランク史Ⅱ　メロヴィング朝の模索』(名古屋大学出版会 2022)
『フランク史Ⅲ　カロリング朝の達成』(名古屋大学出版会 2023)

ヨーロッパ中世《ちゅうせい》をめぐる問《と》い
過去《かこ》を理解《りかい》するとは何《なに》か

2024年11月10日　第１版第１刷　印刷
2024年11月20日　第１版第１刷　発行

著者　佐藤彰一《さとうしょういち》
発行者　野澤武史

発行所　株式会社 山川出版社
〒101-0047　東京都千代田区内神田1-13-13
電話　03(3293)8131(営業)　03(3293)8134(編集)
https://www.yamakawa.co.jp/

印刷所　半七写真印刷工業株式会社
製本所　株式会社ブロケード
装幀　長田年伸

ISBN 978-4-634-67263-5